教科書にみる
世界の性教育

編著
橋本紀子・池谷壽夫・田代美江子

かもがわ出版

これが性教育？

家族・友人・恋人との関係で自分の責任を考えたり、ロールプレイで対処のしかたを考えたり。価値観を育てコミュニケーションのスキルを伸ばすねらいがある。

4つの教室シーンでロールプレイ
（Biologie plus 7/8, Cornelsen, p.48）

同調圧力をテーマにしたワーク（Primary Health & Values, R.I.C.Publications, p.53）

ためらう場面、どう対応すればいい？（PSHE Education 3, Hodder Education, p.50-51）

恋には別れがあり
同性カップルも
(Prisma Biologie7-10,
Klett, p.218-223)

チャット友達から会おうと
言われたらどうする？
(생활속의 보건 6, YBM, p.85)

コミュニケーションスタイルは受動
的、攻撃的、それともアサーティブ？
(Health Studies, Emily Lockhart, p.90-91)

これまで語られてこなかった障害のある
人や移民の人々の性的人権にふれる
(Terve! ①, SanomaPro, p.121-122)

トランスジェンダーや同性愛の当事者運動
を伝える (SCIENCES 1reL-ES, Bordas, p.173)

細胞分裂時の遺伝子疾
患としてダウン症候群
(Human Perspectives,
2A/2B Nelson, p.291)

同性婚が認められている
国もあると紹介(珍愛生命、
六年級上冊、北京師範大学出版
社, p.44)

避妊法、男性避妊、生殖補助医療と倫理など、社会と科学を
考えるグループ討議の課題（SCIENCES 1reL,ES, Belin, p.126-127）

ふざけただけとされる行為を同世代性
暴力と定義（生活속의 보건6, YBM, p.99）

ジェンダーを考える章では児童書の表紙から
男女で違う期待を読み解く課題も（中学校 道徳
1, 금성출판사, p.164-165）

これも性教育？

性の多様性はLGBTや障害のある人
の性、移民の人々と性など、多面的
に描かれている。生命倫理やメディ
アと性、性暴力など、文化的社会的
側面からも性を扱う。

広告と性的な表現を考える
（Lukion Syke1, EDITA, p.94）

これは性教育

避妊法や性感染症予防については、どの国の教科書も多くのページを割いて詳述している。クリニックでの相談場面や入手場所、緊急避妊薬にも言及があり、親身で実用的。

婦人科医で避妊について相談する親子
(Biologie plus 5/6, Cornelsen, p.125)

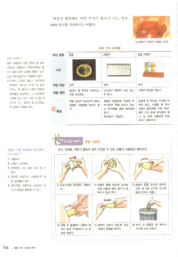

コンドームは薬局やコンビニ、自動販売機で買えるとある （중학교 보건, 와이비엠, p.114）

安全なセックスって？
(Lang Leve de Liefde, Rutgers, p.32-33, 40-41)

10代の避妊実施率や避妊方法の調査結果なども紹介される （Vire 7-9, Otava, p.166-167）

17歳のカップルが抱きがちな疑問に応える課題
(PSHE Education 3, Hodder Education, p.55)

コンドームは消費期限と安全品質マークを確認と注意を喚起し、緊急避妊薬の紹介もある (Biologie voor jou, Malmberg, p225,227)

性にまつわる相談場所を紹介
(Biologie 7/8, Cornelsen, p.253)

避妊や中絶の合法化までの歴史を学ぶ (SVT 4e, Bordas, p.153)

たとえば **授業は こんなふう**

オーストラリア・パースの公立中学校の保健の授業。身近な材料で、機能や位置関係を確認しながら生殖器の模型づくりに取り組む。できあがったものはどれもがユニークだ。

ドイツのハンブルクにあるギムナジウム（中等学校）。9月、いろいろな基礎学校からきた生徒たちが顔を合わせる新年度の授業は、民主主義についての話し合いから始まる。

ドイツ・ライプツィヒのトーマス校のラテン語の授業。教会合唱団で必要なため、かつては男子だけがラテン語を習っていたが、今は女子も学ぶことができるようになった。学校のカリキュラムや学習環境をジェンダーの視点で見直すことも性教育の一面といえる。

はじめに

　早すぎる性教育は若者の性行動を早める、わざわざ教えなくても必要なことはそのうち自然に身につく（どちらも事実とは異なります）、あるいは、受けてきた性教育も世代によってちがうなか（詳しくは本書p.150〜を参照）、親も教員もなにをどう教えればいいのかわからないなど、性教育にはつねにさまざまな困惑がつきまといます。
　今日の問題は、10代での予期せぬ妊娠や性感染症の問題だけではありません。子どもたちは、とりわけスマホの登場以来、私たちおとな世代には想像もつかない世界を生きています。子どもたちはインターネットを介して性情報（大半は不正確）をえているだけではなく、とくに男子の大半は非現実的で女性差別的なポルノを観ています。また、セクハラやデートDVだけではなく、"Sexting"（性的な写真やテキストなどを携帯電話でやりとりすることを示す造語）といった新種の性暴力にもさらされています。こうした新たな課題にいかに取り組むのかは、いまや各国共通の課題となっています。
　また、経済や人権のグローバル化で、ますます多様な宗教や文化的背景をもつ人々が社会の一員となってきています。このなかで、学校や社会の場ではどのような性教育をなすべきかということも、多くの国々が直面している課題といえます。
　これらの問題に積極的に取り組むために、多くの国々では、学校教育における重要な領域として性教育が位置づけられ、義務づけられています。

　国際的には、性教育・性の学習を保障することは、セクシュアル・ライツ（性の権利）の重要な一部となっています。1990年代後半からの人権をめぐる国際的動向を受けて、1999年に世界性科学学会によって出された「性の権利宣言」（2014年に改訂版が出されている）では、すべての人が「包括的性

教育を受ける権利」を有することがうたわれています。

　性教育が「性の権利」として認識されることによって、性教育の内容も、性の生理学的な側面にとどまらず、健康とかかわる科学的知識、関係性や性行動を選択するための価値観やスキル、性の文化的・社会的側面等を含むものとして豊かに広がってきました。このことは、性教育の名称がSex EducationからSexuality Educationへ変化してきたことにも表れています。このプロセスに大きな役割を果たしたのは、全米性情報教育協議会（SIECUS: Sexuality Information and Education Council of the United States. シーカス）です。シーカスは、1991年に『包括的性教育のためのガイドライン　第1版 (Guidelines for Comprehensive Sexuality Education: Kindergarten through 12th Grade 1st)』を出し、包括的な性教育の全貌を示しています。

　こうした1990年代からの成果が、2009年、ユネスコが中心となって開発した『国際セクシュアリティ教育ガイダンス（International Technical Guidance on Sexuality Education）』（以下『ガイダンス』）だといえます。2018年1月には『ガイダンス』の改訂版が出されました。そこで示された包括的性教育の枠組みは、①関係性、②価値・権利・文化・セクシュアリティ、③ジェンダーの理解、④暴力と安全の保持、⑤健康と幸福のためのスキル、⑥人間のからだと発達、⑦セクシュアリティと性の行動、⑧性と生殖の健康となっています。性教育の射程範囲がとても広いことがわかります。

　性の権利として、乳幼児期から高齢期にいたるまで生涯にわたって性教育・性の学習が保障されること、また、すべての子どもにその機会が保障されるためには学校の役割がきわめて重要であること、包括的性教育の基盤としてジェンダー平等と多様性の理解が不可欠であることは、国際的には常識となっているのです。

『ガイダンス』が出された以降も、2010年の世界保健機関（WHO）ヨーロッパ地域事務所とドイツ連邦健康教育センターによる『ヨーロッパにおけるセクシュアリティ教育スタンダード――政策作成者、教育・保健関係当局および専門家のための枠組み（Standards for Sexuality Education in Europe. A framework for policy makers, educational and health authorities and specialists）』にもとづいて、ヨーロッパ各国は性教育のガイダンスを作成し、セクシュアル・ライツを保障するための施策を進めています。こうした動向は、アジア諸国にも影響を及ぼし、実際、台湾や中国では、『ガイダンス』をふまえた性教育の方針が、国レベルで出されるにいたっています。

　そこで本書は、世界のセクシュアリティ教育の多様さと豊かさを、主に中学・高校の教科書を通してご紹介します。取り上げるのは私たちが現地調査を実施してきたヨーロッパ5か国（オランダ、フィンランド、ドイツ、フランス、イギリス）とオーストラリア、アジア3か国（中国、韓国、日本）の性教育関連教科の教科書等です。

　そもそも、ヨーロッパ・アメリカ諸国とアジア各国では、教科書の法的位置づけや学校での扱われ方に大きな違いがあります（詳しくは18ページの表参照）。ヨーロッパ・アメリカ諸国では、ロシアを除き、教科書は民間会社から発行され、多くの国で検定制度はありません。また、多くの国では初等教育の教科書は無償貸与されています。

　一方、アジア・太平洋諸国は、オーストラリアと中国を除いて、国が教科書を発行しています。民間からの発行を認めている場合でも、多くは検定や認定制度を伴います。また、たとえば国語や社会科（国史、公民等）、道徳は国定で、それ以外の教科は民間というように分けている国々もあります。教

科書は有償の場合が多いのですが、オーストラリアとニュージーランドは無償貸与と自由採択という点で、ヨーロッパ型に近いといえます。

　アジアに属している日本は、教科書は国定ではありません。しかし、「検閲」ともいえる厳しい検定制度があり、2015年4月からは、従来は教科とはされていなかった道徳も「特別の教科」と位置づけられるなどの点で、実質的には国定という類型にますます近づきつつあります。

　学校教育における教科書の扱いについていえば、オーストラリアとヨーロッパ5か国は、「教科書を」教えるのではなく、「教科書で」教えることが当然となっています。つまり、教科書も含め教育現場の教員の収集したさまざまな教材を利用して、授業は進められます。だからといって学習指導要領違反とはなりません。そもそも、学習指導要領に当たるものは基本的に大綱で、その範囲内で学校・教員の教育の自由が保障されています。

　私たちが訪れたヨーロッパの国々では、オランダのように厳密な意味での教科書はないという国もあり、教科書はあくまでも教材のひとつとして扱われていました。教科書に書いてあることをただ覚えさせるのではなく、いかに生徒たちの自由な討議や考察をすすめ、生徒1人ひとりの見解を引き出すかが重要であると考えられています。ワークショップを取り入れるなど生徒参加型教育がおこなわれています。

　もちろん、これは、日本でも実際の授業の場面でしばしば見られる光景であり、教科書に書いてあることだけで、その国でどのような教育がなされているかを判断することはできません。しかし、2000年代に起こった性教育への攻撃（性教育バッシング）では、東京都立七生養護学校（当時）で学習指導要領に記述されていない内容を教えたということが問題にされました（この件はのちに裁判で七生養護学校の勝訴判決が出され、バッシングが教育委員会

等による違法な介入であったことが確定しています)。その後、日本では性教育にさまざまな制約が課されたため、前述したような国際的動向から大きく取り残されることになりました。

　このような現状を考えるとき、各国の教科書が次世代に何を伝えようとしているのかを知ることは、ひじょうに重要な課題です。また、教科書は性的な存在でもある各国のおとなたちが家族、労働、社会等の場面でどのような関係を結んでいるかを反映しており、その社会の人権やジェンダー平等の達成度、生命倫理、科学や歴史への向き合い方なども映し出しています。

　読者の皆さんが、本書で取り上げた海外諸国の教科書と日本の教科書を比較しながら、今後の日本の性教育と関連教科書、ひいては私たちの社会のありかたについて考え、周囲の方と話し合っていただけたら、編著者としては望外の幸せです。

　　2018年1月

橋本紀子
池谷壽夫
田代美江子

教科書にみる世界の性教育◎もくじ

現地調査で収集した
世界の教科書の一部

はじめに　**9**

諸外国の教科書制度——比較対照表　**18**

オランダ　池谷壽夫・関口久志　**20**

生活満足度が高く、多様性に寛容な国／自由な教育制度と学校の自由／自分自身と社会の多様性について学ぶ性教育のコア目標／包括的な健康教育「ヘルシースクール・プログラム」／性教育をサポートする多様な学校外組織／ティーン向けのカラフルな教材『愛情バンザイ』／民間団体のテキストも利用した、アクティブな性教育／生徒の身近な問題からセクシュアリティを楽しく学ぶ「生物」

フィンランド　橋本紀子　**36**

手厚い子育て支援のあるジェンダー平等先進国／性教育の充実・後退で変わる10代の性行動／教育現場や保護者の意向も反映されるカリキュラム／驚くほど充実、中学「人間生物学」と「健康教育」の教科書／不妊や生殖補助医療も詳述する高校の教科書／男子向けの相談・情報提供は地域のNPOがリード

フランス 橋本紀子 52

家族・子育て支援や不妊治療対策で少子化を克服した国／カップルになったら2人で「家族計画センター」へ／中央集権的なフランスの教育制度／70年代以降、社会的に重要視されてきた性の教育／人間の性や生殖を全面的に科学する「生物・地学」教科書／教師の創意工夫が生きる授業

 インターネット・ポルノもファミリー・プランニングも　66

ドイツ 池谷壽夫 67

親の教育権と文化高権にもとづくドイツの教育／親からの委託にもとづいておこなわれる性教育／ヨーロッパの性教育をリードする連邦健康教育啓発センター／各州で一致した性教育のコンセプト／先進地ブランデンブルク州における性教育カリキュラム／詳細に男女の身体を学ぶ5・6学年の「生物」／思春期にむけたメッセージ性豊かな教科書／性教育バッシングに抗して社会全体のポルノ化と性暴力に取り組む

 ヴォルテール総合学校での充実した性教育　82

イギリス 森岡真梨 83

ピルとコンドームは健康保険で無料に／「性的同意年齢」「同意」……なにごとも定義された国／ネットを介した性的やりとり「Sexting」が大きな問題に／学校教育のなかで重視される性の教育／「性教育は家庭でおこなうべきもの」？／生殖器や性交、避妊についても正面から取り上げる「生物」の教科書／対話を通して深く「性と生と健康」を学ぶPSHEの教科書／性教育をサポートするさまざまなリソース

オーストラリア 丸井淑美 98

オーストラリアの学校制度と「関係性と性の教育」／再び増えるHIV感染、ネットトラブルと性の教育／セクシュアリティ教育を担う教員養成が鍵／オーストラリアのカリキュラムと性の教育／西オーストラリア州の指導書・教科書／対話を通じて学ぶ家族計画協会の教育プログラム／セクシュアリティ教育の教材／多様な性を支援するパース・フリーダムセンター

 性教育で生き方が変わる　樋上典子　114

中国 張　莉・田代美江子 116

「一人っ子政策」から「二人っ子政策」へ／「人口政策」から「青春期教育」へ／HIV/AIDS予防を背景に「安全教育」「健康教育」としての性教育へ／中国性学会による『青少年性健康教育指導綱要』／中国における教科書事情／「人間の生殖」に多くのページを割く中学校『生物学』／ユネスコ『ガイダンス』をベースにした先進的教科書『珍愛生命』

韓国 艮　香織・朴　恵貞 133

根深い儒教思想と韓国のセクシュアリティ／中絶合法化や性暴力根絶をめぐって／「貞潔教育」から「性の健康」、そして禁欲主義的な「国家水準性教育標準案」へ／複数の教科で多面的に性を取り上げる韓国の教科書／性教育にかかわる3つの省庁と民間団体

 禹玉英さんに聞く　韓国の性教育、明るい展望　148

日本　茂木輝順　150

セクシュアリティの主体となれない若者／純潔教育から性教育へ――戦後日本の性教育史／「触れないこと」がたくさんある教科書／学習指導要領は大綱、子どもの現実から授業を創ることは可能

column　**性教育は人間が好きになる学び**　日暮かをる　168

まとめと提言
子ども・若者たちに
科学と人権、平等な関係性に
もとづいた性教育を！　170

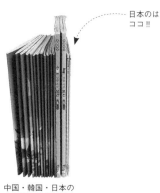

日本のは
ココ!!

中国・韓国・日本の
小学校保健の教科書

諸外国の教科書制度——比較対照表

国名	初等教育教科書 発行者 国	初等教育教科書 発行者 民間	初等教育教科書 検定認定	初等教育教科書 選択の権限	初等教育教科書 供給 無償支給	初等教育教科書 供給 無償貸与	初等教育教科書 供給 有償	前期中等教育教科書 発行者 国	前期中等教育教科書 発行者 民間	前期中等教育教科書 検定認定	前期中等教育教科書 選択の権限	前期中等教育教科書 供給 無償支給	前期中等教育教科書 供給 無償貸与	前期中等教育教科書 供給 有償	後期中等教育教科書 発行者 国	後期中等教育教科書 発行者 民間	後期中等教育教科書 検定認定	後期中等教育教科書 選択の権限	後期中等教育教科書 供給 無償支給	後期中等教育教科書 供給 無償貸与	後期中等教育教科書 供給 有償
イギリス		○		教師			○		○		教師			○		○		教師			○
ドイツ		○	○	学校	○[1]				○	○	学校	○[1]				○	○[2]	学校	○[1]		
フランス		○		教師			○		○		教師			○		○		教師			○
ロシア連邦		○	○						○	○						○					
スウェーデン		○		学校 教師					○		学校 教師					○		学校 教師			
フィンランド		○		学校[3] 教師					○		学校[3] 教師					○		学校[3] 教師			
ノルウェー		○	○[4]	学校[4] 教委					○	○[4]	学校[4] 教委					○	○[4]	学校[4] 教委			
アメリカ合衆国		○		省、県、教育行政機関		○			○		省、県、教育行政機関		○			○		省、県、教育行政機関			
カナダ		○		学校		○			○		学校		○			○		学校			
中国	○[5]	○[5]	○[5]				○	○[5]	○[5]	○[5]				○	○[5]	○[5]	○[5]				○
韓国	○[6]	○	○			○		○[7]	○[7]	○[7]				○	○[8]	○[8]	○[8]	学校			○
タイ		○				○[9]			○				○[9]			○				○[9]	
マレーシア	○[11]	○[12]	○[12]			○		○[10]	○				○		○[10]	○					○
シンガポール	○[15]	○[16]	○[16]				○[17]	○[13]	○[13]	○[14]			○[17]		○[13]	○[14]	○[14]			○[17]	
インドネシア	○[15]	○[16]	○[16]				○[17]		○					○[17]		○					○[17]
オーストラリア		○		学校 教師			○		○		学校			○		○		学校			○
ニュージーランド		○		学校			○		○		学校			○		○		学校			○
日本	○	○[18]	○	教委	○			○	○[18]	○	教委	○			○	○[18]	○	教委			○

1)「一部無償支給」の州もある。また、無償貸与を原則とするが、「一定額負担」の場合もある。2) 後期中等教育では、検定により一部の教科書について検定を義務づけていない州もある。一括して認可しておこなっている場合がある。3) 地方により、教育委員会が採択する。4) 認定の方法や主体、採択の権限は州によって異なる。5) 1980年代前半までは国定教科書のみ。1986年制定の義務教育法により、国定から審査制による教育部による教科書制に移行。6) 国語（韓国語）、社会、道徳、生活、数学の教科書。7) 前期中等教育の国語、社会・道徳など（ほぼ全ての教科）。8) 後期中等教育の国語、国語、道徳以外の教科書が民間発行。社会、道徳教育、数学、英語、道徳教育、アラビア語の教科書。11) 社会科、公民・道徳および国語（中国語、タミール語、マレー語）の教科書。12) 低所得の女子。9) 低所得の女子。10) 国語、イスラム教育、社会科、シンガポール史、公民、道徳、母語の教科書。13) 国語以外の教科書。14) 左記13) 以外の教科目について。15) 道徳、国語、算数、理科、社会。16) 左記15) 以外の教科書。17) 学校により異なる。18) 「理科教科書に関する国際比較調査研究報告書」2000年、2009年、財団法人教科書研究センター『諸外国における教科書事情及び教科書制度に関する調査研究報告書』2000年、文部科学省著作教科書が発行される

備考：2009年度までの調査で入手した資料から作成

教科書にみる
世界の性教育

オランダ

性をポジティブにとらえる
多面的な性教育は性行動を慎重にさせる！

『恋愛バンザイ』

生活満足度が高く、多様性に寛容な国

　オランダは福祉が行き届き、2016年のユニセフ・イノチェンティ研究所『子どもたちの公平性』によると、子どもの生活満足度は先進国中トップ、男女平等の度合いを示すジェンダー・ギャップ指数2016（世界経済フォーラム）でも16位に入っています（もっとも、2017年には32位と後退しています）。また経済格差や長時間労働を減らすために、労働の平等な分配として「ワークシェアリング」が導入されています。この制度によって、仕事の分かち合いで失業率が下がり、1人あたりの労働時間も短くなるので育児時間も確保され、子育て支援の充実にもなっています。パートタイマーであっても正社員で、福利厚生を含めた待遇もフルタイムワーカーと違いはありません。

　セクシュアリティの面では、ひじょうに自由です。1963年ピル解禁、1984年中絶の合法化、2000年売春の完全合法化、障害者向けの性的サービスも「選択的な人間関係財団（SAR）」によりおこなわれています。1993年に性的指向と性的同一性にもとづく差別は禁止され、異性婚とまったく同等の同性婚も2000年に世界に先駆けて認められました。2014年には、トランスセクシュアルは身分証明用書類の性別欄を自らの選択で変更できるようになり、ホルモン剤の服用や不可逆的避妊手術などの性別変更申請条件が廃止されています。

❶ Lang Leve de Liefde, Rutgers

自由な教育制度と学校の自由

　オランダの初等教育は4歳から12歳までです。中等教育は、職業訓練中等教育（VMBO、4年制）、上級一般中等教育（HAVO、5年制）、大学進学中等教育（VWO、6年制）の3種類があり、それぞれ中級職業教育（MBO）、上級職業教育（HBO）、大学教育（WO）に接続します。義務教育は中等教育前期（最初の3年間）までですが、16歳以降も部分的に義務教育があります。

　オランダでは「教育の自由」（憲法23条2）が保障されています。公立・私立の別なく、各学校は独自の創立理念にもとづき、教育方法や内容を自由に選んで、さまざまな教育をおこなうことができます。約200人の子どもが集まれば、市民団体でも行政から援助を受けて学校を設立でき、保護者はそれらのなかから自由に学校を選ぶことができます。教材も、教材会社が開発した学習書やワークブック、DVDやCD、教材の理念的意図と授業の展開例などが書かれた教師用指導書を教員や学校が購入して使うので、厳密な意味での「教科書」はありません。

　もっとも、教育の基本的な枠組はあります。教育文化科学省が最低限の必修主題を定めています。初等教育の必修主題はオランダ語、英語、算数・数学、社会・環境学習、創造的表現、スポーツと運動で、その他に「科学とテクノロジー」や「セクシュアリティと性的多様性」も必修です。また、各主題で児童・生徒が最終学年までに必ず到達しなければならない目標がコア目標として定められています。さらに教育監督局による学校評価があり、目標達成等が不十分なら改善が求められます。

自分自身と社会の多様性について学ぶ性教育のコア目標

　現行の初等教育コア目標（2012年改訂）で性教育に関連するのは、「自分自身と世界へのオリエンテーション」のなかの次の2つです。

〈人間と共同生活〉コア目標38：生徒は、オランダ多文化共同社会において重要な役割を果たしている思想の流れについての概要を学び、セクシュアリティに対して、また性の多様性を含む共同社会内部の多様性に対して、尊重的態度をもって関わることを学ぶ。

〈自然とテクノロジー〉コア目標41：生徒は植物、動物と人間の構造、およびそれらの部分の形態と機能を学ぶ〔ここで人間の生殖を学びます〕。

中等教育コア目標では、次の2つが性教育に関係しています。

基本パートD〈人間と自然〉コア目標34：生徒は人間の身体の構造と機能の要点を理解し、身体的および心理的健康の促進との関係を築き、そこにおいて自分の責任を引き受けることを学ぶ。

基本パートE〈人間と社会〉コア目標43：生徒は、オランダにおける文化や倫理観における共通点・相違点・変容について学び、それに自分自身と他者の生き方を関係づけることを学び、お互いの意見や生き方を尊重することがわれわれの共同社会にとってもつ意味を学び、セクシュアリティに対して、また性の多様性を含む共同社会内部の多様性に対して、尊重的態度をもって関わることを学ぶ。

このように、コア目標では、生徒は生物に関連した科目で生殖に関連した性の知識を学ぶと同時に、社会と関連した科目でセクシュアリティとそれを含む社会の多様性に対する尊重的態度を学ぶことが目指されています。

包括的な健康教育「ヘルシースクール・プログラム」

オランダでは「ヨーロッパにおける健康のための学校（SHE）ネットワーク」の一員として、2012年から教育文化科学省と健康福祉スポーツ省が共同して「ヘルシースクール・プログラム」を開始しています。

現在展開している「ヘルシースクール・プログラム2017〜2020」のテーマは、初等教育で①栄養、②運動とスポーツ、③タバコとアルコール、④衛

生、皮膚と歯、⑤ウェルビーイング、⑥関係とセクシュアリティ、⑦身体の安全、⑧環境と自然、⑨メディアリテラシーの9分野、中等教育では①栄養、②運動とスポーツ、③タバコ・アルコール・ドラッグ予防、④ウェルビーイング、⑤関係とセクシュアリティ、⑥身体の安全、⑦内部環境、⑧メディアリテラシーの8分野です。各学校はこれらのテーマのうちから重点分野を選び、授業内容だけでなく学校の環境や教職員の労働環境の改善も含め、取り組みます。性教育は「関係とセクシュアリティ」という分野でおこなわれます。

　このヘルシースクール・プログラムの実施にともない、独立NPOのカリキュラム開発財団（SLO）は、「カリキュラム枠組　スポーツ、運動および健康な生活スタイル（Leerplankader SBGL）」を作成しています。この「枠組」は7つのテーマ（社会的・情動的発達／栄養／運動とスポーツ／パーソナルケア／嗜好品／関係とセクシュアリティ／安全）とコアからなり、0〜4歳から24歳までの子ども・青少年の目標を9段階にわけて示しています。そのうち「関係とセクシュアリティ」は、「身体的発達と自己イメージ」「親密な関係」「生殖、家族づくりと避妊」「セクシュアリティ」の4つのコアからなっています。これに重要な影響を及ぼしたのが、「はじめに」でもふれた『ヨーロッパにおけるセクシュアリティ教育スタンダード』（2010年）です。中等教育前期の「関係とセクシュアリティ」の「枠組」は次ページの表のようになっています。

※なお性的多様性に関して、教育科学文化省「ジェンダーとLGBT平等政策2013〜2017」、SLO「コア目標におけるセクシュアリティと性的多様性」（2015）が出されています。

性教育をサポートする多様な学校外組織

　オランダの性教育は、学外のさまざまな団体・組織と緊密に連携しています。ヘルシースクール・プログラムの実施には、オランダ保健・安全協会（GGD GHOR Nederland）やルトガース（Rutgers）などの民間団体がパート

カリキュラム枠組　SBGL における性教育プログラム（中等教育前期用）

	内　容	専門概念
身体の発達とセルフイメージ	**身体の発達**：解剖学、男性と女性の生殖器官の解剖と機能／男子と女子の思春期の間でのもっとも重要な身体的および情動的な変化／月経周期の経過、射精の際に起こること／月経中のケア、タンポンまたは生理用ナプキンの使い方（女子）／自分の身体の生殖器官のケア（衛生）	不安、恥、罪悪感、卵子、精子、卵管、ヴァギナ、子宮、月経周期、出血、タンポン、生理用ナプキン、月経、射精、精液、思春期、性的成熟
	セルフイメージ：自分の身体についての考えがセルフイメージに及ぼす影響／メディアにおける理想的なセクシュアル化された身体イメージと現実との違い／メディアや他の俳優（同年代の）が自分のセルフイメージに及ぼす影響／誰かの性的特徴やジェンダー・アイデンティティが違っていること／自分のセルフイメージやジェンダー・アイデンティティについて違和感・困難があるときに相談ができる援助機関	セルフイメージ、広告、ファッション、美の理想、不安定、不満、ジェンダー・アイデンティティ、トランスジェンダー
親密な関係	**親密な関係**：友情、恋、愛と快楽の違い／年齢、性別、宗教および文化が関係における役割期待と役割行動に及ぼす影響／平等、ないしは尊重に欠けたパートナー関係についてのさまざまな表現形態で尊重に満ちた肯定的な態度／不平等、ないしは尊重に欠けたパートナー関係についてのさまざまな表現形態	友情、恋、愛、快楽、役割行動、平等、権力の差、暴力、脅迫、強要
	関係トレーニング：私が気にいる誰かと（オンラインとオフラインで）接触するためのさまざまな方法／関係を楽しく維持することができる方法／尊重に満ちたかたちでの関係の終え方／関係でニーズと期待を伝えることの重要性／近づきになることへのニーズと親密な関係におけるプライバシーへのニーズ	プライバシー、近づき、交際を始める、いちゃつく、好きである、終わりにする、悲しみ、安心、期待、コミュニケーション
生殖、家族づくりと避妊	**生殖と家族**：女子はいつ受精可能か／（起こりうる）妊娠の徴候／若い親であることの長所と短所／10 代の妊娠と若い親であることについての自分の意見／子ども願望、家族の大きさと家族計画をめぐるさまざまな選択	月経周期、吐き気、妊娠検査、（不）受精可能性、安全でないセックス、妊娠中絶、子どもを産む、養子
	避妊：避妊しないセックスが妊娠につながりうること／さまざまな避妊方法とその効果／さまざまな避妊方法の長所と短所／避妊具とその使用についての誤解、事実および神話／さまざまな避妊手段を効果的に用いるしかた／避妊具が得られる場所、その手順／男女の避妊に対する責任（コンドーム含めて）／性的にアクティブになる前に、避妊について考えること／安全でないセックスの後にできること（モーニングアフター・ピル）／（子どもを産むこと、中絶、子どもを譲る）女の子が望まずに、または意図せずに妊娠したときの選択肢	避妊具、ピル、IUD、避妊パッチ、避妊注射、リング、モーニングアフター・ピル、副作用
セクシュアリティ	**セクシュアリティ**：セクシュアリティに関してどこまでいいのかいけないのか／初体験への準備のしかた／初体験について重要なのは十分に準備していること／性的な体験・行動・指向における多様性／関係とセックスと呼ぶもの、および男子と女子にとって重要であるものに関して、男子と女子に異なる役割期待があること（二重モラル）／現実におけるセックスとメディアにおけるセックスの違い／男子の半数は何歳での初体験に賛成しているか、そして男子の性的キャリアはたいていどのようなものであるか／性的存在である人は誰でも自分のセクシュアリティを自分自身のしかたで、そして自分のテンポで見つけ出し、そこまではいいという時期を表明する権利をもっている	キス、フレンチ・キス、オーラルセックス、性交、アナルセックス、マスタベーション、自慰、射精、オーガズム、興奮、オーガズムに達する、要求、恋、ポルノグラフィー、二重モラル、交換のセックス、売春、ヘテロセクシュアリティ、ホモセクシュアリティ、レズビアンセクシュアリティ、バイセクシュアリティ、権利
	性的な健康と幸福：安全なとそうでない、望んだとそうでない性的な行動・所見との違い／（HIV を含む）最も重要な性感染症とその予防／安全でないセックスの結果（性感染症と望まない妊娠）／コンドームを適切に使用する方法／コンドーム使用の長所と短所、使わないときのリスク、コンドームの入手方法／コンドームなしでのセックスを拒否するしかた／性的にリスクのある行動の後の適切な行動／いつ性的接触が望んだものか、そうでないか、快いでそうでないか／どこまで性的行動したいかを気づかせるための方法／相手がどこまでいこうとしているのかをチェックするための方法／自分の願いと境界線をよく考え、知らせること／相手の願いと境界を見分けて尊重するしかた／性的接触を拒否するしかた／男子と女子に最もよく出てくる問題／質問や問題があるさいに、援助を求め自分で情報を探す（sense.info）	セックス、「〔讃美歌を〕歌う前に教会を出る」（膣外射精の隠語）、予防、コンドーム、クラミジア、STI テスト、モーニングアフター・ピル、性病、強要、操作、セクスティング、援助相談機関、www.sense.info

http://gezondeleefstijll.slo.nl/vo.onderbouw より池谷作成

ナーとして参加し、全国25地域の保健局も大きな役割を果たしています。

　地区保健局は、毎年地区の全生徒を対象に健康に関するアンケート調査をおこない、学校別・地域別の問題を洗い出し、健康上問題があるとされた学校には介入し、効果があると実証された対策を提案します。性教育に関しても、この調査にもとづいて、問題を発見し、学校と共有しながら性教育の援助をおこないます。

　例えば176か国の国籍を持つ住民が住むアムステルダム地区では、ある学校で16歳の生徒の15％は、コンドームかピルのどちらかしか避妊具として用いておらず、3％が避妊しないセックスをしているという調査結果が出ると、地区保健局はそれを学校側に示したうえで、学校で何ができるかを、教員チームと一緒に考え、教員に対するワークショップをおこなったり、教材を無料で提供したり、また学校が保護者への教育講座を開催する際にそれを支援したりして、性教育を推進します。

　国際家族連盟（IPPF）のメンバーでもあるルトガーズはオランダで性教育を担っている大きな民間組織です。「オランダと世界中で、性と生殖の健康と権利を改善すること」および「ジェンダーの正義と、若者と脆弱な人々の改善のために働く」ことをミッションとして、①調査研究、②教育、③支援という3つの活動をおこなっています。

　とくに②では、国内外の学校向けに性教育プログラムやその教材を開発し、教員研修などをおこなうほか、保健局を介して学校にアドバイスしたり、これらのプログラムを提供したりしています。実際、ルトガーズの性教育プログラムは20〜30％の学校で利用されており、初等教育段階（4〜11歳向け）では、新しい生命が芽生える春に、子どもの発達段階に合わせて実施される〈関係とセクシュアリティ〉プログラム「春のムズムズ・ウィーク」は、「オ

4〜11歳初等教育段階の性教育として、高く評価されているプログラム「春のムズムズ・ウィーク」

ランダ・アプローチ」と呼ばれて高く評価されています。また、学校種別に簡潔な性教育プログラムを作成し、ホームページには教師へのアドバイスも載せています。中等教育段階では、「若者が健康な性的発達をするよう支援すること、および性的な責任ある選択を教えること」を目標に、関係とセクシュアリティ教育で身につけるべき知識・態度・スキルを示しています（下表）。これを教材にしたものが、オランダ性感染症・エイズ予防協会（SOA AIDS Nederland）と共同開発された『愛情バンザイ』です。

　このほか、1946年に設立されたオランダLGBT権利擁護団体（COC Nederland）は性的マイノリティの当事者団体として、性教育の授業のための情報提供や出張授業をおこなっており、青少年向けに性情報を提供する団体としてはSENSE（https://www.sense.info/）があります。

参照した学習書（タイトル　日本語訳　出版元）
❶ Lang Leve de Liefde　愛情バンザイ　Rutgers
❷ Biologie voor jou　あなたのための生物　課題付学習書2a　Malmberg 2014

関係と性の教育の目的とプログラム（中等教育前期）

目標	知識	態度	スキル
若者が健康な性的発達をするよう支援すること、および性的な責任ある選択を教えること	生徒は次のことを知ること： ・女性と男性の身体の性的な機能と発達を知り、生殖がどのようにおこなわれるかがわかること ・セクシュアリティの身体的、情動的、社会的および文化的側面が何かがわかること ・避妊具のさまざまな形態、使用法および短所・長所に精通すること ・どの性行動がよくまたは容認しえないかがわかること	生徒は次のことを発達させること： ・関係、ジェンダー・アイデンティティおよび性役割における違いに関しての尊重に満ちた態度 ・お互いの願いと境界とに対する尊重 ・ポジティブな自己イメージと身体イメージ ・性的脅迫、（性的な）越境あるいは同性愛に否定的な行動を非難する態度	生徒は次のことができること： ・性的な感情とニーズを表す方法を見つけ、セクシュアリティを楽しく尊重に満ちた仕方で体験することができる

https://www.seksuelevorming.nl/onderwijssoort より池谷作成

ティーン向けのカラフルな教材『愛情バンザイ』

　オランダで性教育が義務化されるのは1993年で、中等教育前期カリキュラムに導入された健康教育のなかでおこなわれてきました。1990年頃には、初等教育向けの「関係とセクシュアリティ」と中等教育向けの『愛情バンザイ』のプログラムが開発され、それが今日「春のムズムズ・ウィーク」と『愛情バンザイ』による授業として定着しています。

　実際、アムステルダム地区保健局によると、初等教育では、男女の身体の違い、感情、家族の多様性などを中心に、先のルトガーズの教材を用いて性教育をおこなっています。また約60％の生徒が通う職業訓練中等教育（VMBO）の学校では、生物やヘルスケアの教師が『愛情バンザイ』（中等教育前期用）を用いて、思春期（1年目）、愛の感情（2年目）、安全なセックス（3年目）、避妊・ピル（4年目）を扱っています。この『愛情バンザイ』はA4判でオールカラー全46ページ。マンガや写真入りで親しみやすく、生徒が自分でセクシュアリティの問題を考えるようになっています。さまざまな肌と目の色の中学生が登場し、男女のカップルだけでなく、同性同士の恋愛やセックスもあることが自然に伝わってきます。

　その内容は次の6つのレッスンからなっています。

オランダの民間団体ルトガーズが共同開発した教材は、10代の読者が親しみやすいカラフルでポップな雰囲気。若者が性行動をとることを前提に、それがより安全で安心できるものになるよう、内容は具体的で実用的だ

❶ Lang Leve de Liefde, Rutgers, p.22-23

① 「いったい何が起こっているの？」（思春期の身体的・情動的・社会的変化）
② 「何に対して責任があるの？」（関係とセクシュアリティ）
③ 「あなたの境界線はどこ？」（自分自身の願いと境界および他人のそれについてコミュニケーションすることの発見）
④ 「どうしたらセックスがすばらしいものになるの？」（快く望ましいセックスの条件）
⑤ 「安全なセックス」（妊娠と性感染症およびその予防）
⑥ 「安全なセックス」（避妊具とコンドームの利用）

民間団体のテキストも利用した、アクティブな性教育

　では実際にどのように性教育がおこなわれているのか、ハーグのゾルグフリット小学校と、ネイメーヘンにある職業訓練中等教育のカンディンスキー・カレッジの授業を紹介しましょう。

　ゾルグフリット小学校では性教育を1年生から始めますが、ふれること・抱擁・頬ずりなどのテーマが中心で時間数は少なく、5年生から時間をかけて取り組みます。5年の担当教員マディーさんは年に15時間、4月から6月の学年末まで子どもの様子に合わせておこないます。授業前には保護者あてに授業内容と、子どもが帰宅後にするかもしれない質問などを知らせる手紙を渡しています。実際の授業では、子どもたちは話しやすいように半円形になって座り、学校放送のテレビ番組を視聴しながら質問に応じたり、話し合います。ある日の内容は、キスや月経について。「ドクターコリー・ショー」という有名な番組では視聴する小学生よりも少し年上の少年少女や、有名なサッカー選手や政治家が登場して性に関する身近なテーマについて語るコーナーがあり、初めてのキスの話も子どもたちに身近なものになっています。マディーさんは、マスタベーションについて今は必要ないので扱わず、妊娠や赤ちゃんが育つことに関する性教育の本は、「ここに書いてあるから見てね」と関心を持った時に手に取れるように教室に置いています。

カンディンスキー・カレッジには、オランダ国籍を持たない生徒が30～40％在籍し、生徒相談員2人が独自に配置されています。その1人、シルビアさんが性教育と社会的情動発達を担当しており、ヘルシースクール・プログラムのなかで、2016年度は『愛情バンザイ』を中心に性教育を進めていました。この学校の性教育の目的は、①愛情、関係、セックスに適切な仕方で関わるのを支援すること、②生徒が性に関してテーマとして話せること、③多様な子どもたち、男女の違い、文化の違いに関心をもつこと、④性に関する正しい情報を提供すること、⑤リスクの予防（マスメディアのリテラシーを含む）とそれにふさわしい行動、⑥偏見やステレオタイプを意識させること、⑦性の多様性、の7つです。

　1年生（12～13歳）：学年の中心テーマは「相互に尊重し合うこと」。例えばイスラム教など、宗教によって結婚するまでセックスをしないという生徒がいても、その子を笑わないことをまず生徒たちと約束します。その上で、最初に「セックスをどう思うか」を自由に書いてもらい、『愛情バンザイ』や、子宮の模型や新生児の人形などを用いて、男子と女子の身体を学びます。男女共習ですが、学年最後の4週間は、男女別に分かれ、男子には男の先生、女子には女の先生がついておこないます。また事前に、保護者には性教育の内容を説明しており、保護者の意向で授業に参加しない生徒は家に帰ることもあります。

　2年生（13～14歳）：学年終わりの夏休み前に1年生で教えたのと同じ内容を扱います（夏休みの4日間の徒歩旅行のための事前学習）。「ラブバズLovebuzz」という、6人の男女が知り合ってパーティーに行くという設定のインタラクティブ・ゲーム（ルトガーズが開発したソフト）で、生徒は関係に関わるいろいろな場面で「～についてどう思うか」について「よい・普通・間違っていると思う」を選択し話し合うなかで、愛と関係にはさまざまな意見があることを学びます。また男女のシンボルをかたどったクッキーをつくり飾り付けをして、1人ひとり違うことを学ぶワークショップをしたり、LGBTの権利擁護団体からゲストを招いたりして、性の多様性を学びます。さらに、この学年では2回の修学旅行（ヨーロッパと南米スリナム共和

国）があるので、その機会にコンドームの使い方を具体的に学びます。

生徒の身近な問題からセクシュアリティを楽しく学ぶ「生物」

カンディンスキー・カレッジでは、2016年度は２年生で『愛情バンザイ』❶による８時間の授業の他に、生物でも年間80時間（週２時間）のうち、「生殖」に８時間があてられています。その学習書『あなたのための生物課題付学習書２a』❷の「テーマ４　生殖」は以下の構成からなります（充実題材は時間があれば学びます）。

「テーマ４　生殖」の構成　（　）内は配当ページ数

基本題材	特別基本題材
1　あなたは変化する（8）	7　セクシュアリティ（7）
2　男性の生殖器（10）	8　妊娠と出産（9）
3　女性の生殖器（10）	充実題材
4　月経（8）	1　その他の受胎調節方法（4）
5　受胎調節（10）	2　さまざまな感染症（2）
6　性感染症（11）	3　パズル（1）

節ごとに図や写真つきの詳しい説明と学習課題があり、自分の意見を述べるように工夫され、最後に覚えておく事項が記されています。また、生徒が気にかけていることや誤った情報にも目配りしながら、快楽と関係、多様性という視点が貫かれています。

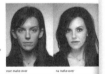

中学生の大きな関心事「外見」について、雑誌や広告の映像で目にする理想的な身体は「たいてい本物ではありません。モデルはとても上手な美容師によってメイクアップされ、その写真もコンピュータで加工されたものです」と説明している

理想的な身体などありません

思春期の変化が早く来たり遅く来る人もいるし、はっきりとした変化がほとんど見られない人もいることが指摘されています。また女子が気

❷ Biologie voor jou, Malmberg, p.192

にする外見について、理想的な身体などないことが、メイク前とメイク後の写真を載せて示されています。

性の「快楽」の側面を隠さず記述

　男性、女性の生殖器の節ではそれぞれ、成人男女の裸の写真が載せられ、男女の生殖器が詳しく図示されています。男性生殖器については模型図を色分けする課題で、それぞれの器官の構造と機能を覚えられるよう工夫してあります。女性の外性器の図にはクリトリスも描かれています。

　また、性交を前提に、快楽（オーガズム）が説明されています。亀頭は敏感なところで接触によって性的に興奮すること、射精やマスタベーションが男性に快感をもたらすこと、そして大事なのはペニスの大きさではなくて、すばらしい感情を得ることです、と。一方女子についても、クリトリスの刺激によるオーガズムが述べられ、マスタベーションも、「女子や女性は自慰やマスタベーションの際にクリトリスを擦ります。これが『手淫』といわれます」と説明されています。

　多文化を背景にして、女子の「処女膜」が取り上げられているのも印象的

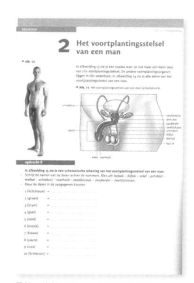

男性・女性ともヌードの写真がある

意見を読んで考えさせる課題では、ある家族の処女観念が取り上げられている。「こんにちは、私ザイダ。私の家族では処女膜は大切です。兄は、処女膜は閉じていると言います。こうも言います。『初体験で男子はペニスで処女膜を激しく突き破らねばならない、女子はそのとき出血するんだ。女子が性交の時出血しないのは、もう処女ではないことの証しだ』と。でも、私はそうじゃないと思うの」

❷ Biologie voor jou, Malmberg, p.196, p.207

です。「処女膜はヴァギナの入り口にある縁の組織です。何人かの女子は処女膜なしで生まれてきます」と絵付きで説明されます。そのうえで、女性の初体験での出血は、ペニスが処女膜に穴をあけるからだと考える人がいるけれど、多くの女性が出血するのは初体験の時ではないと指摘しています。課題でも、ある少女の家族の考えを示したうえで、その処女観念がなぜ正しくないかを考えさせています（前ページの右下）。

男女で学ぶ「月経周期と受精可能期間」

　月経については、月経中の症状や生理用ナプキンとタンポンの使い方と衛生が説明され、これらは無制限に経血を吸収できないことを生徒はタンポンの吸水実験で学びます。衛生面では、生理用品を定期的に取り替える必要や、たっぷりの水で陰唇をよく洗い流す際にはボディソープや石鹸は控えめに使うようにと細かく指示されています。「月経周期」では、ふだんの月経日や排卵日が書かれた「5週間にわたる子宮内粘膜の厚さ」と妊娠中のそれが図示され、課題で月経や排卵の日がいつになるかをしっかりと学びます。

男女がともに担う「避妊の責任」

　「受胎調節」は「女性がたいていは男性と一緒に子どもを望むか望まないかを決めること」と定義され、望まない場合に男女には「信頼できる避妊方法・避妊具の使用に対して共同の責任」がある、とパートナーの共同の責任が強調されます。そのうえで、女性の受精可能期間や男性の節制期間は信頼できないことや、膣外射精をさす隠語「〔讃美歌を〕歌う前に教会を出る」ことのリスクがきちんと指摘されています。コンドームとピルの使い方だけではなく、ピルの効能もていねいに説明されます。またコンドームの具体的な選び方が書かれているのもユニークです。CE安全商品マークがついているコンドームを使用すること、消費期限も確認すること、ジョークでつくられているファンコンドームは一緒に安全なセックスするには不適切なこと、など。緊急避妊薬（モーニングアフター・ピル）も図入りで説明されていま

す。

　「中絶」については、女性が妊娠中絶を決断したとき中絶を求めることができるし、23週目まで可能なこと、また中絶をしてもらいたい時には、5日間の熟考期間が与えられることが明記されています。そのうえで、中絶には賛成と反対の立場があることも、デモの写真とともに示されています。

多様なセクシュアリティや性暴力、ポルノの問題も学ぶ

　「セクシュアリティ」の節では、セクシュアリティが思春期には人生の中でより重要な役割を果たし始めること、セクシュアリティに関しては多様な意見があることがまず示されます。また、「健康な」関係にはオープンさ、同等性、親密性、お互いに対する尊重があるが、しかし関係する2人に年齢、経験、知識やお金などに大きな違いがあると、関係は同等ではなくなり、これによって性暴力が起こりうる、と性暴力が説明されます。

　「性暴力：1クラスに3人の生徒」の見出しで、性暴力の具体例が示され、こう明確に記述されます。「その人が望んでいないのに、誰かが、例えばおしりをつかんだりつねったりといった軽い性的行動をとれば、それは望まない親密さ（セクハラ）です。誰かが暴力または脅しで被害者に性的行動をすれば、それは暴行です。その時に性交がおこなわれれば、それはレイプです」。愛情に付け込んで巧妙に権力を行使する「女たらし（loverboy）」も紹介されています。

　ポルノや売春の問題も取り上げられています。ポルノは性についての非現実的なイメージをもたせ、しばしば女性に敵対的で、男性がセックスについてどれほど幻想するかを見せるもので、ほとんどのポルノは真の関係におけるセックスで

「性暴力：1クラスに3人」というコラムでは、したくないのに繰り返しキスされる、セックスを強要される、元カレが裸の写真を彼女の意に反してインターネットにアップするなどの具体例があげられている

❷ Biologie voor jou, Malmberg, p.244

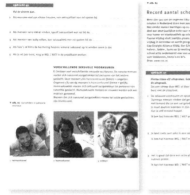

性の多様性を支持する「パープルの金曜日」を組織したのはゲイ・ストレート協会のヘテロ（異性愛）、レズビアン、ホモセクシュアルおよびバイセクシュアルの生徒グループだと紹介されている

はないと明言されます。売春については、売春婦がお金と引き換えにお客とのセックスに応じるもので、未成年には禁じられていることだけが記されています。

多様な性的指向も写真入りで説明され、性の多様性を支持する取り組み「パープルの金曜日」（12月第2週）には、約680校あるオランダの中等学校のうち500校以上が参加していることが紹介されています。

このように、この生物の学習書は、日本での「生物」のイメージをはるかに超え、読み手である生徒の多様性を尊重し、生徒が陥りそうな問題も指摘しながら、セクシュアリティを扱っています。

思春期の成長と性的行動をポジティブにとらえ、歴史や文化、メディアなど多様な側面からセクシュアリティを考え、生徒1人ひとりが自他を尊重する態度とスキルを培うオランダの性教育は、青少年の性をめぐる状況を着実に改善しています。15歳で性体験をしている男子は16％、女子15％と他のヨーロッパ先進国に比しても少なく（ちなみに、法的には性的同意年齢は16歳）、直近の性交でのコンドームの使用率も男子65％、女子78％、ピルの使用率も男子66％、女子60％と、二重の使用が6割を超えています。また、15〜19歳の妊娠率（同年女子1000人あたり）も3.9（2015年）と、世界のなかで最も低い国のうちのひとつになっています。

もっとも、課題はあります。移民の排斥を訴える「自由党」が台頭するな

かで、オランダが「寛容」から「移民統合」「移民排除」へと舵を切っていますし、新自由主義の自己責任政策の下で、就労義務が徹底され福祉の受給者に対して厳しい目が注がれています。約75％の生徒が通う中級職業教育（MBO）の学校には、移民の子や低所得家庭の子も多く性的にも活発なので、ここでの性教育がますます重要になっています。

（池谷壽夫・関口久志）

参考文献等

教育・文化・科学省ホームページ　https://www.government.nl/topics/primary-education

初等教育コア目標　http://wetten.overheid.nl/BWBR0018844/2012-12-01#Bijlage ／中等教育コア目標　http://wetten.overheid.nl/BWBR0019945/2012-12-01#Bijlage

SLOホームページ　http://gezondeleefstijl.slo.nl/van-leerplankader-naar-leerplan

Ministry of Education, Culture and Science (2013). Dutch gender and LGBT-equality policy 2013～2016. https://rm.coe.int/168045ae0e

SLO (2015). Seksualiteit en seksuele diversiteit in de kerndoelen. http://downloads.slo.nl/Repository/seksualiteit-en-seksuele-diversiteit-in-de-kerndoelen.pdf

ヘルシースクール・プログラム2013-2020　https://www.rijksoverheid.nl/documenten/rapporten/2016/12/13/gezonde-school-programma-2017-2020

ルトガースホームページ　https://www.rutgers.international/who-we-are/mission-and-vision.

ルトガース性教育関係サイト　https://www.seksuelevorming.nl/

Karolina Beaumont & Marcia Maguire (2013). Policies for Sexuality Education in the European Union

Schutte L. et al. (2014). "Long Live Love. The Implementation of a school-based sex-education program in the Netherlands." *Health Education Research*, Vol.29 no.4, 583-597

UNESCO (2011). Cost and Cost-Effectiveness Analysis of School-Based Sexuality Education Programmes in Six Countries

WHO Regional Office For Europe (2016). Growing up unequal: gender and socioeconomic differences in young people's health and well-being. Health Behavior in School-Aged Children (HBSC) Study: International Report from the 2013/2014 Survey

青少年の妊娠率　http://data.worldbank.org/indicator/SP.ADO.TFRT

水島治郎『反転する福祉国家　オランダモデルの光と影』岩波書店、2012年

オランダの性教育関係団体と学校での聞き取り調査（2016年9月7～12日）

リヒテルズ直子「オランダの性教育　自由意志と他者の尊重に基づく市民社会を目指した性教育の姿」『現代性教育ジャーナル』No.67、日本性教育協会、2016年

関口久志「リヒテルズ直子さんにきく　オランダのこと、性教育のこと"人間と性"教育研究協議会『季刊セクシュアリティ』No.77、エイデル研究所、2016年7月

関口久志「リヒテルズ直子さんといくオランダの性教育」同『季刊セクシュアリティ』No.78,79,81、2016年10月、2017年1月、2017年4月

（ウェブサイト閲覧は2017年5月1日から5月31日の間）

フィンランド

包括的に性を学ぶ「健康教育」の必修化で
望まない妊娠や早期の性交経験率が減少した国

『健康教育 7-9』

✿ 手厚い子育て支援のあるジェンダー平等先進国

　フィンランドは経済活動、政治参加、教育、健康と生存率の4分野で示すジェンダー・ギャップ指数2017（世界経済フォーラム）で3位になるほど、ジェンダー平等の進んだ国です。2015年の選挙で選ばれた女性の国会議員は39.4％、閣僚14人中5人は女性です。現在の大統領は男性のサウリ・ニーニストですが、2000～2011年までは女性のタルヤ・ハロネンが大統領でした。

　また、女性のほとんどがフルタイムで働くこの国では、手厚い子育て支援がおこなわれています。そのため、1970年代に低下した合計特殊出生率は90年代には1.9まで回復し、現在でも約1.8の水準を保っています。

　母親は通常、約1年の有給の出産・育児休暇を取ることが多いのですが、その後も子どもが3歳になるまで、2年間の無給の育児休暇を取り、職場に復帰できる権利があります。父親休暇や、両親のどちらが休んでもかまわない「親休暇」もあります。父親休暇は54勤務日ですが、最初の3週間までは母親が休暇を取得中でも重ねて利用可能で、この3週間の休暇は、父親となった男性の80％が取得しています。それ以降、1人で子どもの世話をするという男性はまだ25％と少数ですが、少なくとも法制度的には両者が平等に子育てに関わることが前提になっているのです。

❷ Vire: Terveystieto 7-9, Otava

また、特徴的な施策として、「ネウボラ（neuvola）」と育児パッケージがあげられます。日本でも近年、導入されているネウボラは「相談する場」という意味。妊娠・出産・子育てに関する包括的支援をおこなう場として、生まれてくる子どもだけでなく、その子のきょうだいや親も含む家族全体の心身の健康をサポートしています。全国に850設置され、健診は無料、初診からずっと同じ保健師が担当することも信頼と安心につながっています。

　育児パッケージは、出産に際し、フィンランド社会保険庁事務所から支給される母親手当のひとつで、簡易ベビーベッドにもなる箱の中に、ベビーケア用品やベビー服、親が使用するケア用品など約50点が入っています。この現物支給を受けずに140ユーロの現金を選ぶこともできますが、第１子の場合はほとんどの家庭が育児パッケージを選びます。受給に所得制限はなく、ネウボラもしくは医療機関での妊婦健診の受診が必要です。育児パッケージは、生まれてくるすべての子どもたちに対する社会の祝福と歓迎の表れとして根づいています。

　性をめぐる法制度についてもみておくと、性的同意年齢は16歳で、相手が同性でも異性でも同じです。避妊のためのピルが認められたのが1961年、人工妊娠中絶の合法化は1970年で、中絶は理由の別なく、原則として個人の自由に任されています。同性愛の合法化は1971年、パートナー法成立が2002年。さらに2017年からは、同性愛者も異性愛者と同様の法律婚ができるようになりました。トランスジェンダーの人が名前や社会保障番号を変更して、新しい性自認で法的認定を得ることも可能になりましたが、性別変更手術を希望する場合は申請してから２年待つ必要があり、18歳以上で受精能力がないことが求められます。

　1970年代を経て、人間性や個人の幸福に対して、それまでのルーテル福音教会による道徳性よりも科学性がより重要とされるようになり、性の問題に対しても、適切で健康な性行動について定義する医学的・心理的対応へと次第に変化してきたといえます。

性教育の充実・後退で変わる10代の性行動

　フィンランドの教育制度は、基礎教育をおこなう総合制学校9年制（付加教育として10年の場合もあり）と高校3年制、その後に大学・大学院があります。義務教育は総合制学校の7〜16歳までで、高校は普通高校（ルキオ、60％弱が進学）か職業高校（40％強が進学）に分かれますが、教育は高等教育も含めすべて無償です。義務教育段階までは大多数が地域の公立学校で学びます。

　性に関連する教育は、主に中学校段階（総合制学校7〜9学年）と高校の「人間生物学」と「健康教育」で扱います。小学校（総合制学校1〜6学年）では、これらの教科は1〜4学年の「環境と自然」や5〜6学年の「生物・地理」（2016年8月以降は「環境」）で学びます。したがって、性教育は主に、これらの教科の教員によって教えられますが、約10％の学校は外部の専門家に依頼します。

　総合制学校は義務制で共通のカリキュラムですが、高校の場合、職業高校は職業教育中心のカリキュラムになるので、「健康教育」という科目はなく、「生物」がある学校も少ないという問題があります。

　フィンランドでは、1970年制定の総合義務教育法の下で、教育課程の体育（保健を含む）に性教育が含まれるようになって以降、性教育は必修です。1972年に公衆衛生法が成立し、それぞれの地方自治体は無料の避妊相談を提供することになって、スクールナース（当時は、地域看護師が各学校を巡回していた）が性教育に関わるようになります。1980年まで、性教育は性と生殖の健康と権利に関する知識教育を中心に、継続的に改善されていきます。その結果、90年代半ばまでに若者の中絶件数と出産数が減少し続けます（39ページの図参照）。

　しかし、90年代半ばに経済不況が起こったことから、健康と社会サービスのための財源が縮減され、多くの自治体では、学校保健のような予防的な健康ケアのための職員数を減らしました。教育もまた、より地方分権的に変えられ、経費節約が図られ、1994年から性教育は選択教科となり、各学校

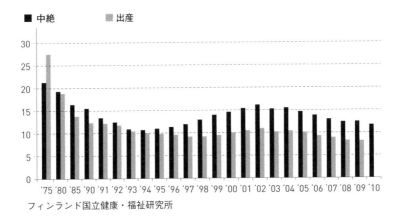

15〜19歳女子の中絶数と出産数　1975-2000（1000人あたり）
フィンランド国立健康・福祉研究所

の自由裁量に委ねられます。これは、学校で提供される性教育の量と質の低下を引き起こしました。その結果、90年代後半、若者の中絶件数は再び上昇し、クラミジア感染者数も顕著に増大します。国立健康・福祉研究所（STAKES）の年次学校保健調査によれば、1990年代後半には14〜15歳で性交を経験する人が増え、性交時に避妊をしなかった人も増加しています。

　2003年と2004年に、それぞれ普通高校と総合制学校の教育課程基準（ナショナル・コア・カリキュラム）が改訂され、国家基準の強化や指導と援助の強化、新しい授業時間の配分、異なったレベルや活動間の積極的な連携の強調などが見られました。総合制学校7〜9学年に新設された「健康教育」は性教育の内容を含むものでしたが、2004年には大部分の学校に導入され、2006年以来、再び、13〜15歳の生徒たちの必修教科となりました。さらに、この改訂で性教育に関する教員研修が実施され、各学校で1人の性教育担当者を決めることになって、フィンランドの学校における性教育の質は劇的に改善されました。

　実際、フィンランド家族連盟が2000年と2006年におこなった、第8学年の生徒への性的健康に関する知識調査によれば、性教育の総時間数が多いほど、より早い学年からより多くの時間と内容を教えるほど、中学生の性知識に関する正解率は向上することが明らかにされています。

健康教育の新しいカリキュラムが導入されるにつれて、14〜15歳で性交し始める人や避妊しない人の割合も減少しました。さらに、15〜19歳の間の中絶件数は2002年の1000人中16.3人から2010年の12.0人にまで減少したのです。こうした変化は、この期間の性教育のあり方が大きく影響していると思われます。

　このような経過をたどって、フィンランドでは、教科内容に性的健康とそれを保持するスキルの教育を含む健康教育を必修にすることや、学校内で特定の教員が健康教育や性教育をアレンジする責任をもつこと、そのための特別の訓練を設けることを必須事項としてきました。その結果、2006年の国際家族計画協会（IPPF）ヨーロッパネットワークの報告書では、フィンランドの性教育は包括的性教育であり、全面的（ホリスティック）でさえあると指摘されるほどになりました。

教育現場や保護者の意向も反映されるカリキュラム

　フィンランドのナショナル・コア・カリキュラムは国家教育委員会が策定しますが、性教育も健康教育や生物に統合してその基準が示されています。直近では、基礎教育で2014年、普通高校は2015年に改訂され、2016年8月から実施されています。

　前回のナショナル・コア・カリキュラムは、国家基準の強化や指導と援助の強化が見られましたが、一方で、90年代に進んだ地方行政と各学校への権限移譲は引き継がれ、カリキュラムの作成に関しても地方教育行政や学校、教師、親たちとの相互協力による作成過程が重視されました。健康教育に関しては、地方段階では、その地域の保健センターや看護師と、各学校では関連教科担当教員のほかにスクールナース、スクールカウンセラー、または保護者の意見なども反映させながら作成されます。

　今回もこの大枠は引き継がれ、総合制学校の総授業時間数も変化しませんでしたが、5〜6学年にあった生物・地理の教科はなくなり、3〜6学年の「環境」に統合されました。新しいナショナル・コア・カリキュラムで

は、「環境学は、生物学、地理学、物理学、化学、健康教育分野の知識から構成される統合教科であり……」と説明されており、教科内容にも人体組織の機能や発達などが含まれていることから、内容的には大きな変化はないものと思われます。7〜9学年の生物・地理と健康教育の総時間数は変わらず、位置づけも大きくは変わっていません。

普通高校の生物もほとんど変更はなく、健康教育は特別コースのひとつが「若者の日常生活と健康」から一般的な「人間、環境と健康」に変わりましたが、その中で、性と生殖の健康、セクシュアリティ、性的権利が扱われています。

なお、筆者らが今回、調査で入手した教科書は2003/04年のナショナル・コア・カリキュラムに基づいて作成されているので、その内容を下の表に示します。

また、ナショナル・コア・カリキュラムには評価基準として次のような点があげられています。

8学年（14歳）「健康教育」：性的健康の基本を知る、避妊の重要性と方法を知る、それを性行動に反映させることができる、責任のある性行動を

2003/04年のナショナル・コア・カリキュラムにおける「性教育」項目

	生物・地理学		
5〜6学年	・人体の構造と生命のしくみ ・人間の多様性と社会との相互作用 ・感情の表現と抑制の方法		・人の成長や発達過程と思春期、二次性徴 ・他人への配慮と責任ある行動 ・年齢にふさわしい権利と責任

	生物「人間」分野	健康教育
7〜9学年	・人間のセクシュアリティや生殖 ・性行動と関連した価値や規範	・セクシュアリティの発達 ・人間性の発達における遺伝と環境 ・人間関係、セクシュアリティ

	人間生物学（特別コース）	健康教育（必修コース）	健康教育（特別コース）
普通高校	・人間の生殖 ・人間のライフサイクルと社会的本質	・性的健康、カップルの関係 ・前の世代の家族と社会の遺産	・親になること、家庭生活のための準備 ・身体的、精神安全と暴力のない交際

Finnish National Board of Education, NATIONAL CORE CURRICULUM FOR BASIC EDUCATION 2004, NATIONAL CORE CURRICULUM FOR UPPER SECONDARY SCHOOLS 2003 より作成

正しいとする、学校や地域で利用できる保健施設を知る等。

8学年（14歳）「生物」：セクシュアリティの多様な現れ方を説明する、生殖細胞・性交・受精・妊娠経過・誕生などを普通の言葉で説明する。

生徒が知識を身につけるだけでなく、自分の言葉で説明したり、学んだことを行動に反映させられるように、教員1人ひとりが高い専門性をもって工夫して授業をおこなっているといえます。

驚くほど充実、中学「人間生物学」と「健康教育」の教科書

フィンランドでは、教科書に検定はなく民間会社から発行されます。採択は学校に委ねられ、教科書をどう使うかは学校・教員の自由裁量です。国によっては教科書があまり使われない教科もあるとの調査がありますが、私たちが見学したユヴァスキュラ市やヘルシンキ郊外の公立中学校では、授業中、教科書は子どもたちの机上に置かれ、適宜使われていました。

> 参照した教科書（タイトル　日本語訳　出版元）
> ❶ KB Ihminen　学校生物学　人間　Otava
> ❷ Vire: Terveystieto 7-9　健康教育7-9　Otava
> ❸ Lukion Biologia: Ihmisen biologia　人間生物学　Otava
> ❹ BIOS4: Ihmisen biologia　人間生物学　Sanoma Pro
> ❺ KOULUN BIOLOGIA Lukio 2　学校生物学　Otava
> ❻ Biologia: Ihminen　人間　Sanoma Pro
> ❼ Uusi Lukion Dynamo: TE2 Nuoret Terveys ja arkielämä　若者の健康と日常生活　Tammi
> ❽ LUKION TERVEYSTIETO Terve! 1: TERVEYDEN PERUSTEET　健康の基本　Sanoma Pro
> ❾ LUKION TERVEYSTIETO Terve! 2: NUORET, TERVEYS JA ARKIELÄMÄ　若者の健康と日常生活　Sanoma Pro
> ❿ Ote Lukion terveystieto: TERVEYDEN PERUSTEET TE1　健康の基本　Otava
> ⓫ Lukion syke 1: Terveyden perusteet　健康の基本　Edita

生物でも「性行動の責任」を伝える

『学校生物学 人間』❶の性教育関連事項は「生殖と遺伝」の部で扱われ、思春期の性の目覚め、受精卵から生命の誕生まで、人生で大きな意味をもつ遺伝子型、人間の性別が決まる方法、両親から受け継いだ遺伝子による特徴などの内容が述べられています。二次性徴の発現経過や生命の誕生、性染色体、胎芽、胎児の成長等、一部『健康教育』と共通する部分もありますが、こちらの方が、より詳細に生物学的な説明が加えられています。

また、生物学であっても、性行動には責任が伴うことを子どもたちに語りかける教科書が多く見られます。

知る、楽しむ、健康を守る──若者の「性の権利」を伝える健康教育

『健康教育』❷は、性教育関連を「性の喜びと責任」の単元で扱っています。大きくは、「誕生から高齢期に至る各成長段階の特徴」「すべてが変わる

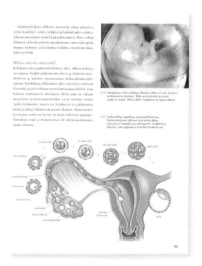

受精卵から生命の誕生、遺伝子、男女の性が染色体により発現することなど、記述は詳細。後のページには、染色体異常は一般に高齢出産ほど多いことを示すグラフや、羊水検査の図、中絶は親の決断によることなどについても記述がある

「性の喜びと責任」の単元の、「交際のルール」のページでは、女子と男子が互いを意識し始めてから、だんだんに親密さを深めていくプロセスが、パステルカラーのイラストで描かれ、その責任について考えさせる記述がある

❶ KB Ihminen, Otava, p.95 ❷ Vire: Terveystieto 7-9, Otava, p.155

思春期」「大きな活力源としての性」「交際のルール」「性行為をはじめる適切なタイミング」「避妊」「性感染症」について、具体的事例やスキルも含めて取り上げています。

思春期の体の変化では、卵巣と睾丸から分泌されるホルモンの役割が述べられ、少女から女性へ、少年から男性への説明は、生物学的側面だけでなく、自分探しの旅、自立の過程での親との関係など、子どもたちの身近な話題が取り上げられています。

「活力源としての性」では、性が関与するものとして、他者への態度、ジェンダー、性愛、子孫の存続、性的指向などがあげられ、法律により万人の性が守られていることや、若者の性の権利として、性を楽しむ、性について知る、性の健康管理を受けるなどがあげられています。

教科書には「性の多様性」や「交際には別れがあること」まで

性的指向は性の大きな部分を占めているとの説明があり、「最も多いのが異性愛者だが同性愛者や両性愛者も一般的で、約10〜20％いるともいわれている。しかし、同性愛者や両性愛者の場合、性的指向によって評価され、排除されるため表明しない人もいるので、正確な人数を知るのは簡単ではない」とも述べています。性の多様性を誇るパレードの写真も大きく掲載されているのが目を引きます。

ゲイやレズビアン、トランスジェンダーなどの文化を誇る当事者とそれに賛同する人々が集うプライドパレード。性的少数者の尊厳と権利擁護のシンボルであり、性の多様性を象徴する虹色が教科書を彩っている

❷ Vire: Terveystieto 7-9, Otava, p.153

さらに、交際には別れがあるということ、そのやり過ごし方、愛撫、性交などの場面での具体的な問題を生徒たちに考えさせています。そのうえで、性行為をはじめる適切なタイミングについて「お互いに準備ができてから、相手の気持ちを理解し、自分の気持ちを確認して、責任を取れるようになってから始める」としています。特に、性感染症と妊娠を予防することについてよく話し合い、注意するように呼びかけていることが注目されます。

　避妊については、コンドーム、合成ピルやミニピル、子宮内避妊リング、緊急避妊用ピル等が詳しく紹介されています。また、フィンランドの中絶の現状と法的な側面とともに、中絶は決して避妊方法ではないと述べる一方で、出産か中絶かの最終的な結論を下すのは女性本人であるとしています。性感染症については、各感染症の症状等を解説し、疑いがある人は医師の診察を受ける義務があるとしています。

不妊や生殖補助医療も詳述する高校の教科書

環境有害物質や生活の変化など不妊の背景にも言及

　高校の『人間生物学』❸は、「生殖と個体の発達」「身体の構成と機能」「身体システムの防御」の３部で構成されており、性教育関連事項は「生殖と個体の発達」の中で扱われています。「受精と個体の発達」の単元では、胎発生について詳しく述べられ、さらに「胎盤は親と胎児の共同器官」という視点から、誕生のときにどのように産児の臓器に切り替わるか説明がなされていたり、羊水検査等による異常の発見方法についても言及して

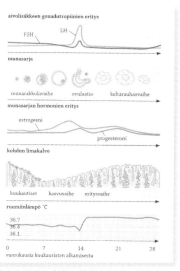

男女生殖器の名称と機能に加え、思春期に生成され始める卵胞刺激ホルモンと黄体化ホルモンの働き、オーガズムのしくみ、多様な避妊方法などの説明もある。図は月経周期中のホルモン分泌、子宮内膜や基礎体温の変化の関連図

❸ Lukion Biologia: Ihmisen biologia, Otava, p.18

います。

　「不妊」の項目では、女性の受精率は35歳から急速に減少し始めることから、出産を高年齢まで延長することによる不妊の増加を指摘。これ以外の不妊原因として性感染症や卵子の未成熟、卵管の問題などがあげられ、男性不妊は精子の構造や量、可動性に関係すると指摘しています。また、多くの国で精液中の精子の量がここ50年間で約半減しているが、これには環境有害物質や生活習慣の変化が疑われると述べています。不妊治療として、人工授精や体外受精、卵細胞質内精子注入法や、胚や胎芽の冷凍保存などにも言及しています。

　『人間生物学』❹、『学校生物学』❺の教科書も、構成は異なりますが、生殖と個体発生、遺伝と染色体、避妊などの問題を扱っています。『人間』❻の「不妊の理由と治療」の節では、現代では、子どもを産む年齢が高齢化しているため受精が困難になってきていると述べ、不妊の約40%が男性側の理由によることも指摘しています。

歴史的経緯も踏まえて「性は権利」を伝える

　『健康の基本』❿では、性的関連事項を「自己管理できる健康」で扱っています。WHOなどの国際的文書に基づいて性や性的権利に対する定義を解説し、性的少数者の権利について取り上げています。「避妊法」については、「性交を始める前にパートナーとヘルスケアの専門家と共に適した避妊法の選択について話し合うこと」を勧め、多様な避妊法を写真入りで詳しく述べています。

　『若者の健康と日常生活』❼も「性の健康」「性的権利」の単元で、WHOの「性の権利」に至るまでの国内外の議論と法整備の歴史などをポルノ論争も含めて紹介しています。「親になること」の単元では、出産に至る経過について妊産婦の健康状況から具体的に述べはじめ、中絶、不妊についても触れています。

　『健康の基本』❽と『若者の健康と日常生活』❾は同じ出版社の教科書です。前者は、「性」の単元で、性とは何か、性的少数者、セックス、安全性

子どもから高齢者まですべての人に性的権利があるということで老カップルとパートナー法に基づく同性同士のパートナー登録などについても説明している（2017年から同性婚法スタート）。カップルと家族の項目では、事実婚や離婚、1人暮らしの増加について指摘している

と責任についてなど、関係性を中心に、性感染症と避妊方法についても詳しく説明しています。後者は、「共に生活」の中でカップルから家族関係へ、親であること、権力とセックス、性的健康等のテーマが取り上げられています。

　そこでは、まず、妊娠初期から、妊娠中期・後期にかけて、母親、子ども（胎児）、父親はどのように変化していくのか、どんな役割を引き受けて親になっていくかなどが説明されています。妊産婦用診療所や児童福祉クリニック等社会施設の機能、役割についても教えています。不妊についてはフィンランドの6分の1の夫婦が直面している子どもを得ることの困難について、その要因の説明がなされています。多様な不妊治療の紹介に続き、そこで起きる生命倫理上の問題を考えさせています。さらに、「性的健康は健康の核」であるとして課題を列挙しています。『健康の基本』⓫も性的側面、性の多様性、避妊、性感染症などを扱っています。

⓾ Ote Lukion terveystieto: TERVEYDEN PERUSTEET TE1, Otava, p.71, 72

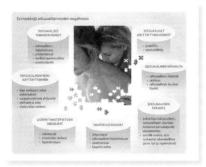

健康教育の教科書は必ずといっていいほど、社会の中の性表現を扱っている。なぜコマーシャルには性表現が氾濫しているのか、性とお金とはどのような関連があるのかを考えさせることは若者にとって欠かせない

「性の健康は健康の核であり、健康な性は人生を維持する力である」として、性にかかわる課題を、性的機能障害やリスクの高い性行動、リプロダクティブヘルス、性差別、性暴力など、カテゴリーごとにあげている

　全般的には、性に関する事項のうち、「健康教育」では日常生活次元で起きる性の問題に対して、関係性を軸に扱っており、「人間生物学」の方が、生理学的な次元での人体、生殖、出産、避妊、中絶、不妊、染色体と遺伝子等を扱っていることがわかります。不妊原因、不妊治療については、両者で取り上げており、これは現在、先進国の多くが抱えている問題だということがわかります。

男子向けの相談・情報提供は地域のNPOがリード

　他のヨーロッパ諸国と同様に、フィンランドの子ども・若者たちもメディア、特にインターネットのポルノ化にさらされています。そのため、EU加盟後のフィンランドでは、テレビで流れるセクシーな広告やポルノグラフィーなども教材化して、それらの意味や与える影響について考えさせるメディア・リテラシーの教育も重視されてきました。これは学校だけでなく、性的健康や性教育に関するNPOでも取り組まれ、性と生殖の健康と権利に関する情報を提供するウェブサイトなども重要な役割を果たしています。

　2013年9月に訪ねたヘルシンキのフィンランド家族連盟では、ちょうど、男子向けのインターネット用ゲームを開発・発表したところでした。これは

❾ LUKION TERVEYSTIETO Terve! 2: NUORET, TERVEYS JA ARKIELÄMÄ, Sanoma Pro, p.67, p71

解答までの時間と正確さを競うクイズゲーム形式で、楽しみながら性に関する知識を獲得できるようになっています。選択肢から正答を選ぶと先に進むことができ、質問は240通りあります。中には「同性愛の少年は異性愛の少年とは違う趣味をもっているか」というような人間の多様性に関する質問から、「性交時にペニスに痛みを感じたらどうすべきか？」というような現実的な対応を考えさせる質問などもあります。このゲームは、フィンランド語の他に、英語、スウェーデン語、スペイン語等に対応しています。

同連盟の人口研究所主任研究員オスモ・コントラさんたちは、男子向け性教育の充実のために、「性について少年たちが本当に知りたがっていること」の実態調査と、健康教育や生物の教科書の分析に基づいて、これらを補足するような教師用のガイドブックを作成中でした。これらは、「男子プロジェクト（Boys Project）2011 〜 2013」の一環だといいます。というのも、1996 〜 2006年にかけての学校調査で、男子は女子より性知識の正答率が低いが、性教育の内容と方法の改善等によって、男子の正答率は急速に高まる、つまり、女子より学校性教育からの影響を受けやすいことが明らかになったのです。ここから、プロジェクトが立ち上がりました。教師用ガイドブックとウェブサイトは2014年2月に公開され、フィンランドのすべての中学校900以上に郵送されました。これは、全面的な（ホリスティック）性教育を活用し、個別の性的成熟・発達のより広い視点を打ち出し、絵やイラスト、インターネット、ゲームをどのように使うかなども示しています。ゲームもまた、子どもたちの間で人気のアイテムになっているようです。このプロジェクトでは、少年に対する個人および集団

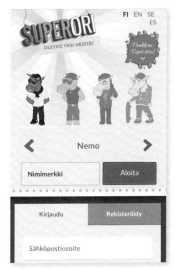

フィンランド家族連盟が開発したインターネットゲームは、性にまつわるいろいろな質問に答えるうちに、正しい知識を得ることができるというもの。フィンランド語と英語、スウェーデン語、スペイン語に対応している（http://www.superori.fi/）

インタビューやエッセイなどとともに、フィンランド家族連盟の男性向け電話相談やウェブ相談などもデータとして利用されています。

男性向けの無料の電話相談は2012年から始まり、年に２万3000件も相談があります。2013年の電話相談部門のスタッフは男性４名で、月～金曜の午後１～６時に開設しており、対象は20歳以下の男子です。電話をかけてくるのはごく普通の少年たちで、相談内容で多いのは、ペニスの大きさ・長さ、自分は正常か。マスターベーションの回数やデートの仕方、ガールフレンドとのつきあい方、ポルノについてなどの相談も多くあります。

スタッフの話では、学校では、スクールナースのうち男性は50人に１人だけで、男子には相談に乗ってくれる同性の大人が身近にいません。そのため、男性スタッフによるこの電話相談は青少年の知りたいことに応える重要なツールとしての役割を果たしているといえます。オスモさんも、調査データから、男子は個別の相談を望んでいることが多いので、学校でピルやコンドームの提供もしているスクールナースの役割は大きいといっています。常

市営病院の中にある子どものアドバイスセンター（LASTEN NEUVOLA）には看護師がいて、なんでも相談にのってくれる

駐のスクールナースがいないときには、同じような機能をもつ、学校から5分ほど離れた市営病院のアドバイスセンターを子どもたちに紹介するという場合もあります。

　フィンランドの教科書は、人間の性を多様な側面からトータルに描こうとしていること、教科としては生物のほかに健康教育を必修にして、性教育の質的向上を図ってきたことなどがわかります。それでも、職業高校の教科目や男子の性教育については課題があるということで、学校外の専門機関が取り組みを強化していることが印象的でした。

（橋本紀子）

参考文献等
NATIONAL CORE CURRICULUM FOR BASIC EDUCATION 2004,
NATIONAL CORE CURRICULUM FOR UPPER SECONDARY SCHOOLS 2003,
NATIONAL CORE CURRICULUM FOR BASIC EDUCATION 2014,
NATIONAL CORE CURRICULUM FOR GENERAL UPPER SECONDARY SCHOOLS 2015, Finnish National Board Of Education
Dan Apter "Recent development and consequences of sexuality education in Finland", *Sexuality education international*. BZgA *FORUM Sexuality Education and Family Planning* 2011
EUROPEAN PARLIAMENT "Policies for Sexuality Education in the European Union" 2013
Osmo Kontula "Chapter5, Challenges and Progress in Holistic Sexuality Education of Teenagers in Finland", Editor Maureen C. Kenny; *Sex Education*. 2014 Nova Science Publishers, Inc
鈴木誠監訳、山川亜古訳『フィンランド理科教科書　生物編』化学同人、2014年（原著：Mervi Holopainen, *Elämä ja evoluutio/ihminen LUONNONKIRJA 7/9*）
Osmo Kontula "Sexual Revolution and Sexual Rights in Finland", *Sexus Journal* 1(1): 2015,MARCH
フィンランド家族連盟インターネットゲーム　http://www.superori.fi/

フランス

性の多様性を、発達のプロセスから説き、
社会の価値観を動かしてきた人々の運動を描く
これが生物の教科書!?

『生命と地球の科学』

家族・子育て支援や不妊治療対策で少子化を克服した国

　フランスは中央集権的政治体制をとる国です。2012年のオランド大統領の組閣で、はじめて閣僚の男女比率が同数になりましたが、これは2017年のマクロン大統領の組閣でも引き継がれ、閣僚22人中11人が女性というほど、政治場面でのジェンダー平等度の高い国です。

　また、1994年に1.66まで落ち込んだ合計特殊出生率を2006年には2.0まで回復させ、今では、ヨーロッパで出生率がもっとも高い国のひとつになっています。少子化克服の背景には、2〜6歳を受け入れる無償の保育学校（日本の幼稚園にあたる。3歳以上はほぼ100％就学）制度をはじめ、出産と育児を支援する制度が整備されていることや、週35時間労働制の上に残業が少なく、仕事と育児が両立しやすく女性の職場復帰も早いこと、2週間の男性の育休制度など男性への子育てサポートも充実していることなどが指摘されています。

　法律婚にとらわれず「新しい家族の形」に寛容で、連帯市民協約（PACS、社会保障や税金の面で法律婚と同等。もともとは同性カップルのパートナーシップ法として成立した）や同棲など、非婚であっても出産しやすい社会であることや、不妊治療を取り巻く環境の整備もあげられます。

　不妊は疾病であると捉えられているフランスでは、不妊治療に対する否定

❹ SVT 3e, Bordas

的なイメージがありません。不妊治療を始める平均年齢は34歳と早く、治療の結果に大きな影響を与えています（ちなみに、日本の場合は治療開始時の平均年齢は37歳）。また、不妊はカップルの問題とされ、最初の検査から男女双方が受けることが当然とされています。不妊治療のために男女とも仕事を休むことができ、一定の条件を満たす場合は国の保険で治療費を賄うことができます。

カップルになったら2人で「家族計画センター」へ

　フランスの性的同意年齢は、パートナーが異性でも同性でも15歳で、中絶は1975年に一定の条件のもとに合法となりました。2001年には、中絶可能期間の延長や未成年の中絶に対する保護者の同意不要などの改正がなされ、現在は理由のいかんにかかわらず中絶は原則、合法となっています。また、同性同士のパートナーシップ登録は1999年からというように、比較的早い時点から性的少数者の権利が認められてきました。

　2013年には同性婚が法制化されます。この法律の制定をめぐって、国内では結婚の目的を主に生殖の点から捉える反対派とパートナーの結合の点から捉える賛成派がそれぞれ激しい運動を展開しましたが、結果的には、後者の主張が通ることになったのです。トランスジェンダーの性変更に関しては、2016年に、変更手続きに性別再指定手術の必要はないという法律が成立し、自認する性への変更が容易におこなわれることになりました。

　学齢期にある子どもたちの健康行動に関するWHOの2013〜2014年調査によれば、15歳で性交経験のあるフランスの青少年は女子が16％、男子が26％というように、男女の性行動の違いが明確に出ています。ちなみにフィンランドとスウェーデンの場合はそれぞれ、女子：男子が24％：25％と26％：24％で、ほぼ同じような値を示しているのとは対照的です。

　また、15歳の直近の性交時のコンドーム使用率は男子79％、女子65％、ピルの使用率は男子40％、女子が29％と、いずれも男子の方が高い数値を示しています。性行動に関しては、男子主導でおこなわれていることが推

測されます。また、フランスの若者の初めての性交年齢の平均は、女性が17.6歳、男性が17.2歳で、日本の高校2、3年生の年齢です。

　中学や高校にはスクールナースが配属されることになっていますが、予算の関係でいない場合も多く、子どもたちが親や友達以外の第三者に相談したいときには、ファミリー・プランニング（家族計画センター。避妊の相談や診察、治療などもおこなっている）へ行くのが一般的です。親の方も、子どもにガールフレンドやボーイフレンドができたら、2人でファミリー・プランニングに行くように勧めることもしばしば見られます。

中央集権的なフランスの教育制度

　フランスの教育制度は、小学校5年、中学校（コレージュ）4年、高校（リセ）3年で、その後に高等教育があります。リセには普通リセと職業リセ（2年制も）があり、約70％が普通リセ、約30％が職業リセに進学します。義務教育は6～16歳の間の10年で、通常、後期中等教育の1年目で終了となります。

　公立初等・中等学校は地方公共団体が設置・維持する一方、教育活動については国が出先機関を通じて直接監督しており、教員はすべて国が人件費を負担する国家公務員です。私立初等・中等学校の大部分も「契約私立学校」として、国の教育課程基準に従うことを条件に、教員給与と経常費の全額補助を国から受けます。フランスは保育学校、小学校から大学まで、国がほとんどの予算、カリキュラム、学位認定と人事の権限を有し、学校は、国の定める基準の枠内で教育課程を編成し、授業方法や学習達成目標などを決定して、教育活動をおこなっています。

　このような中央集権制の背景には、共和制の柱として教育を位置づけ、政教分離、つまりカトリック教会の影響を排除してすべての国民に平等に教育機会を与えるために制度が作られてきた歴史があります。それゆえ、小・中学校の教育目的は、人格および職業にかかわる将来の構築のために必要な共通基礎知識技能の獲得のための手段を、児童生徒に最低限保障すること（「共

通基礎知識技能」について。教育法典第L.122-1-1条）とされています。

一方、教科書の選択を含む教育方法は教員の自由裁量事項であり、教員には特定の教科書を使用する義務はありません。教科書は民間の出版社が出版しますが、検定制度はなく、自由に著作、編集、出版することができます。中学校までの教科書は無償貸与で、高校の教科書は自治体によって、無償貸与しているところもありますが、多くは有償です。

性教育に関連する事項は、中学・高校とも保健分野の教科はないので科学の中の生物領域で取り扱われます。2015年の教育課程基準（Programmes pour les cycles 2,3,4、日本の学習指導要領にあたる）では、「生命と地球の科学」領域の「人間の体と健康」単元中に生殖とセクシュアリティが取り上げられ、思春期から出産に至るまでの生殖系器官についての説明があります。そこには、また、セクシュアリティの分野で責任のある行動とは何かについても説明があります。

中学校と高校1年では、「生物・地学」は必修です。2011年に「生物」の教育課程基準が変わり、高校の教科書では、それまでの生殖と遺伝を中心とする「生殖」という単元名が「女性と男性」に変更され、内容も生理学的側面だけでなく、性の多様性や性の快楽の側面、生命倫理を含む性の社会的側面なども扱われるようになりました。

また、中学・高校では、「生物」の授業以外に、後述する教育法典や政令等によって性教育の担い手のひとつとしてあげられたファミリー・プランニングの指導員が週1回程度、学校に来て性教育をおこないます。

70年代以降、社会的に重要視されてきた性の教育

カトリック教会の影響が大きかったフランスでは、価値観にかかわる性教育や性に関する情報を学校で提供することは1920年から1967年まで禁止されていました。1967年に避妊が公認されると、教育課程基準に性教育が加えられるようになります。1973年には性情報特別委員会（CSIS）が設立され、それにともなって、性の生物学的側面についての教育が始まりました。

CSISの目標は若者に性教育に関する良質の情報を提供するための方策を提案することと、この分野での教員研修を促進することでした。CSISは、2012年末まで活動を続け、2013年1月にオランド新政府によって作られた高等平等委員会に移行します。この新しい機関は、女性の権利に関する多くの課題と、性と生殖の健康と権利に付随する他の諸事項に関する課題を取り扱うことになります。

　学校における性教育分野の方針に責任をもつのは、教育省の地方出先機関と各学校の教育担当チームです。1995年から性と生殖の健康と権利（リプロダクティブ・ヘルス／ライツ）の課題に関する新しい方針についての教員研修が年2時間おこなわれることになり、1996年にはHIV/AIDS予防教育を導入。その後、1998年に性教育が必修化されました。

　2001年に改定された中絶と避妊に関する法律を受けて、学校性教育は法定化されます。教育法典では、「セクシュアリティに関する情報と教育は学校、高校、大学で、少なくとも年3回の特別授業で提供される、……これらの授業は学校保健に貢献するスタッフを含んでおこなわれる」（教育法典L.312-16条）と記され、地域のファミリー・プランニングの職員なども含まれます。

　2003年2月17日付の教育省の回覧通知「学校、高校、大学における性教育」では、「性教育は望まない妊娠、性感染症、HIV/AIDSの予防とリスク低減の両者を含む国家政策と、暴力、性的搾取、ポルノグラフィーに対して若者を保護する、あるいは、性差別主義者や同性愛嫌悪に対する闘いさえも正当化するという点で、最も重要である」と位置づけ、さらに、「学校における性教育は人体の機能や発達に関する生物学的知識と切り離せないが、それと同じぐらい、もしくはそれ以上に、心理的、感情的、社会的、文化的そして倫理的な側面を反映する」として、現実社会での男女間の複雑で多様な関係性にアプローチすることを認める必要があるとしています。

　性教育の担い手としては、学校教師、「生物」（生命と地球の科学）担当教師、教育アドバイザー、医師、看護師、ソーシャル・ワーカーなどをあげており、特に生命科学に関連した科学教育分野の教師は、「生徒に、生物学的、

身体的現象が戯れと性交をもたらすというような科学的な知識とその理由を提供する」として、科学的内容と人間的な含意とを結びつけて指導することが期待されています。

人間の性や生殖を全面的に科学する「生物・地学」教科書

避妊方法とともに女性たちの運動の歴史を伝える中学の教科書

参照した中学の「生物と地学」教科書のうち、2011年版は❸だけで、それ以外は2007年、2008版です。2年用（SVT4e）はすべて「地球の内部活動」「動植物の生殖」「人間の遺伝と生殖」「組織内の関係」の4部構成で、「人間の遺伝と生殖」で性教育関連事項を取り上げています。

『生命と地球の科学』❶のこの部分は、1.生命を伝える、2.受精から出産まで、3.避妊法の3章から構成されています。ここでは、成長による男女の体の変化に始まり、内性器を中心に性器の名称、女性の月経周期とホルモンの変化、男性の射精についてなどが扱われています。収集したすべての教科書で、人間の性交に関する図は扱われていませんでしたが、ほとんどの教科書が「動植物の生殖」の部で、シカやニワトリの交尾の写真とその図解

参照した教科書（タイトル　日本語訳　出版元）
❶SVT 4e　生命と地球の科学　Bordas
❷SVT 4e　生命と地球の科学　Delagrave
❸SVT 4e　生命と地球の科学　Bordas
❹SVT 3e　生命と地球の科学　Bordas
❺SCIENCES 1reL,ES　科学　生命／地球の科学と物理化学　Belin
❻SCIENCES 1resL/ES　科学　生命／地球の科学と物理化学　Hachette
❼SCIENCES 1reES,1reL　科学　生命／地球の科学と物理化学　Hatier
❽SCIENCES 1reL-ES　科学　生命／地球の科学と物理化学　Bordas
❾SVT 1reS　生命と地球の科学　Belin
❿ SVT 1reS　生命と地球の科学　Bordas
❶〜❹は中学、❺〜❿は高校の教科書。職業高校の教科書は含まれていない。

がなされており、性交によって生殖がおこなわれるという事実を的確に説明しています。

妊娠を扱った節では市販の妊娠検査薬の写真があり、結果の見方が説明されています。

注目すべき点は、多様な避妊法についての詳しい記述です。主要な避妊の方法と作用の仕方、避妊に失敗する場合の理由等について、データや写真も交えて詳しく説明されています。従来からある避妊法に加え、ミニピルや避妊パッチ、女性用コンドームなどの新しい避妊法も紹介されています。また、ピルを飲み忘れた時にどのように対応するか、避妊なしの性交後に服用する緊急避妊用ピルの使い方や作用も含めて、具体的にアドバイスをしています。この章の後に、学んだ知識のまとめ、キーワード、避妊方法の要点を掲載しています。

『生命と地球の科学』❸では、避妊と中絶に関する法制度の変遷が紹介されています。女性たちの要求運動から1970年代に学校での性教育が始まり、家族計画・家族教育センターが設立されたこと、未成年者への避妊具の無料提供がおこなわれるようになったことなどが記述されています。

先天的な障害の発生を科学的に学ぶ

中学3年の『生命と地球の科学』❹は4部で構成され、「人間の遺伝と生殖」部の「1章 生物の多様性と統一」「3章 感染の危険性と体を守る」で人間の性に関する事項を扱っています。たとえば、1章の「染色体、遺伝子と遺伝情報」では、基本的な遺伝のしくみに加えて、トリソミー21を取り上げています。この染色体異常がどのようにして起きるのか（染色体形成のしくみ）、どんな検査で見つかるか（妊娠中の女性の血液検査や4か月ごろの胎児の首の後ろのむくみを測る）などを説明するページの写真はとても印象的です。

中学の教科書は避妊に関しても具体的で、実際に使う場面を想定した内容構成になっており、人間の身体を科学的に知るとともに現実の問題にも対処できる知識を学ぶことができるようになっています。

中学3年生用『生命と地球の科学』では、遺伝のしくみを取り上げるなかでトリソミー21について詳しく扱っている。科学的な説明の背景写真のダウン症とともに生きる人たちの表情はとてもおだやかだ

フランス

中学2年生の教科書には多様な避妊法が紹介されている。避妊パッチや女性用コンドームなども取り上げ、データや写真を交え説明。ピルを飲み忘れたときの対処法も実用的で、失敗しても手立てはあることがわかる

　15歳の子どもたちの性交経験率は男子26％、女子16％でしたが、高校生になるとその率はぐっと高まります。子どもたちの性行動が日常生活に組み込まれる前に、避妊に関する正確な情報とスキルについて教え、性的健康を守ろうとしていることが、これらの教科書からは伝わります。

最新の生殖医療についてふれる高校理系コースの教科書
　2011年の教育課程基準に基づいた理系教科書は、「視覚的に表現」「人類

❹ SVT 3e, Bordas, p.66-67　❶ SVT 4e, Bordas, p.154-155, p.158

を養う」「女性／男性」「エネルギーへの挑戦」という4部で構成されています。これらのテーマは副題に示される生命、地球と物理、化学の視点から検討され、ストーリーが組み立てられます。「女性／男性」の部では、必ず、「男性、女性になること」と「性行動に責任をもつ」の事項が取り扱われています。

　3章構成の場合は、他の動物の性行動との比較で人間のセクシュアリティを取り上げています。教科書の構成としては、章のはじめに既存知識の確認、途中にグループ討議のための課題があり、終わりの方でまとめや練習問題、関連資料などを掲載しています。学んだことを実際に自分の言葉で説明し、意見を展開できるようになることが達成目標とされているのです。

　人体だけではなく、人間性を問題にしています。「性行動に責任をもつ」では、男女両性の避妊方法とそのしくみ、不妊原因と不妊治療について、最新の科学的知見を紹介しています。例えば、避妊用ピルの開発は女性の性周期のホルモン機能の知識の応用であるとして、ほとんどの教科書が卵胞刺激ホルモン（FSH）と黄体化ホルモン（LH）の果たす役割についてグラフを示して説明しています。不妊に関しては、体外受精の方法についてエコー写真なども含めてわかりやすく図解しています。生殖補助医療をめぐる議論や法制度についても、歴史的に、また諸外国との比較の視点から捉えさせようとしています。

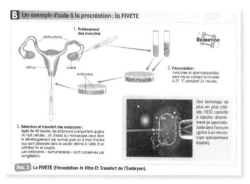

不妊はフランスでも課題のひとつで、高校の科学では不妊の原因や治療について詳しく扱っている。体外受精の方法が図解され、ピペットで卵母細胞に精子を注入する写真も

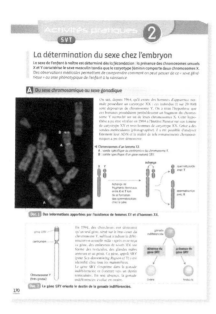

高校の教科書では、性の多様性について性分化のしくみに即した詳しい科学的な記述がある一方、トランスジェンダーやゲイ・レズビアンの人権擁護パレードの写真を載せ、尊厳をもとめて運動してきた歴史も紹介している

性の多様性を、性分化のプロセスから解説

　高校理系の『科学』❽「女性、男性になること」では、男女の生殖器官の生成に関して、胎児の性分化の時点から詳しく説明しています。胎児の性決定の際の性染色体の役割が説明され、単純に男女に二分できない性について、1964年以降、XXの染色体をもちながら通常の外見を備えた男性がおよそ2万人に1人の割合でいること、この人たちはX染色体上に引っかかるようにY染色体の断片（性決定遺伝子、SRY）をもっていることが確認されていると紹介しています。子どもの誕生時の性または表現型の性について歴史的に触れ、両性具有（hermaphrodite）や異形の存在とその存在の生理学的理由についても解説しています。「女性／男性」という単元名に象徴されるように、教科書の立場は依然として、男女二元論的な人間観を基本にしていることが伺われます。

　また、思春期の変化をホルモンとの関係で説明し、性的アイデンティティ

❽ SCIENCES 1reL-ES, Bordas, p.170, p.173

と性的指向についても詳述しています。性的アイデンティティは、一方で誕生時に付与される性別により、他方では各人の置かれた環境によって男性または女性になることを学ぶことによって成立するとしています。文明社会のほとんどが、個々人を男女に分類するが、女性でも男性でもないというように考えられる3番目の分類として、北米のアメリカインディアンのベルダッシュやポリネシアのファファフィーヌをあげ、さらに、性的アイデンティティと生理学的な性別が対応しないトランスジェンダーについても説明しています。このページには、トランスジェンダーの人と、同性愛者両方の人権擁護パレードが掲載されています。

セクシュアリティを歴史的・社会的・包括的に描く

　文系教科書は4ないし6部にわかれ、理系のように必ずしも生命、地球と物理、化学の視点をベースにした構成ではありません。『生命と地球の科学』❾は6部のひとつが「女性／男性」です。避妊による生殖の抑制・制御として、経口避妊薬ピルの発展についてもふれ、血液凝固の問題を抱えている人は、子宮頸部粘液を変容させるプロゲストゲンのみを妨げ、視床下部の下垂体ホルモンの合成物質には影響がないミニピルを使用しているなど、ピルがどの部分に働きかけて、避妊に至るのかを説明しています。他の避妊法として、IUDなどの子宮内避妊器具の装着や緊急避妊用ピル、コンドームや、まだ実用化していない男性のためのホルモン避妊の実験結果についても

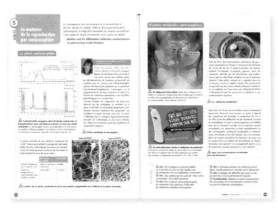

高校の教科書では避妊についての扱いも中学よりさらに詳しく科学的になる。「さまざまな避妊法の利用による生理学的な作用、その特徴と利点を、比較しなさい」などの課題も

❾ SVT 1reS, Belin p.228-229

紹介しています。この章末でも、結論として「生殖メカニズムの認識が避妊法の開発において、何を可能にしたかについて説明する」ことが求められています。さらに、胎児の性決定に際しての性決定遺伝子の役割についても、わかりやすく図解されています。

『生命と地球の科学』❿では「地球の現代的な問題」という部に「女性になること、男性になること」「セクシュアリティと生殖」という章が含まれており、そこでは、性的表象（男性か女性か）と性染色体について、また、両性具有のような異形の事例が生じる原因についても説明しています。

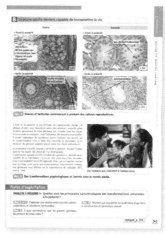

思春期前後の写真を比較すると、卵巣と睾丸で生殖細胞の生産がはじまることが見てとれる。思春期に性的な興味関心が生じるのは自然のこと、そして妊娠や性感染症への責任が1人ひとりにあることにふれている

また、青年期に始まる「関係としての性行動」について、性的ホルモンの影響下にあるものだとしても、パートナーの選択や初めての性交などは個々人の選択であり、妊娠や性感染症に対するあらたな責任が生じることが強調されています。文系も基本的な教育の要点は理系教科書と共通し、同じ出版社の場合、共通の写真やデータを掲載していますが、どちらかといえば、理系ほど詳細ではなく、性行動への示唆があったりします。

以上のように、フランスの科学の教科書は、人間と人間の性を性行動も含めた他の動物との比較の視点から生物学的、解剖生理学的に捉えると同時に、歴史的、社会制度的な側面、人間の多様性や人権尊重の点、生命倫理の点からなどホリスティックに把握しようとしていることが特徴といえるでしょう。とりわけ、人間の誕生に際して、多様な形態が出現しうる可能性があるという生理学的事実の後に、ゲイ・パレードやトランスジェンダーの人権擁護運動にも触れられていることは印象的です。

科学といえば、自然科学だけをイメージしがちな私たち日本人にとっては、法制度の変遷や、それを動かしてきた人々の価値観の変化や社会運動ま

❿ SVT 1reS, Bordas, p.243

でをカバーしている教科書に新鮮な驚きを覚えます。

教師の創意工夫が生きる授業

　2007年の日本の教科書研究センターによるフランスの教科書制度に関する調査によれば、中学校において教科書の役割が最も弱い教科として、「生命・地球科学」があげられ、教科書を机の上に置いている生徒は30％程度で、実際の教材は教員が作成すると指摘。教科書が用いられる場合は、教科書の提示する資料や練習問題のためであるとも記載されています。普通高校でも同様で、この教科の授業では教科書は用いられず、基本的にそれが提示する資料集、しかも付随的な資料として活用されていると指摘しています。

　しかし、筆者らの2013年の調査で、公立中学とカトリック系私立高校の生物の教師にインタビューをしたところ、どちらも教科書を主な教材として位置づけていました。中学の女性教師は14歳学年の「生物と地学」の授業では、6週間10時間ほどをかけて人体の生理学的な内容を教えており、生殖器の解剖生理学的な内容に1時間、その他、本題ではないが性の多様性や交際についても3時間ほど割いているとのこと。使用する教材は教科書が主だが、他社の教科書やインターネットからの資料を使用することもあるということです。

　私立高校の男性教師も生物の教科書採択は担当教員の会議で決め、授業では、教科書以外に他社の教科書やインターネットからの資料、大学の教科書などを必要に応じてコピーして使用すると語っていました。この高校では1年の時に性教育関係のNPOのスタッフが1.5時間の授業をおこなうが、男女別で15～20人のグループごとにおこなわれており、生徒たちが安心して受講できるように、教員は同席しないということです。

　公立中学・高校の場合は、その地域にあるファミリー・プランニングからの出前授業によっても、性教育がおこなわれます。アニエール市でのインタビューによれば、中学は男女別におこなうことが多く、高校はほとんど男女一緒にするとのことです。少人数のワークショップ形式がとられ、ここで

は、思春期について、二次性徴、避妊、性感染症、異性との交際、性に関する法的・社会的事柄、性的指向や好みの違い、セクシュアリティなどに関わる問題を扱っています。また、保護者からの問い合わせや抗議に備えて、必ず、スクールナースとペアで授業をおこなうとのこと。出前授業用のセットには避妊具や婦人科検診に使われる医療用器具など、実際に触ってみることのできるものが用意されていますが、学校や生徒の雰囲気によっては、そういうものは全く利用しないこともあります。

　また、性交やマスターベーションの仕方などは個人的な問題であるため、指導の対象外ですが、生徒たちが映画や動画などを見て、そこに描かれたセックスや交際を「完全なもの」とイメージしがちであるため、生身の人間同士なのだから作り物のストーリー通りにはいかないのが普通だということを必ず教えるようにしているとのことです。

　フランスの「科学」の教科書の生物領域は青少年の性的健康や性行動に必要な事項を中心に据えて、人間の性を全面的に教えようとしていること、また、それらは将来のために「必要な共通基礎知識技能」として認められていることがわかりました。このような教科書を生み出す背景には、何よりも、フランス社会の労働と家族、子育て等をめぐる男女の関係性や性と生殖に関する考え方、人間の多様性の把握などが反映しているといえます。まだ、そのような社会と教科書を作りえていない私たちにとって、フランスの社会と「科学」の教科書から学ぶべき課題は多いといえるでしょう。

（橋本紀子）

参考文献等

WHO：Growing up unequal. HBSC 2016 study（2013/2014 survey）
『諸外国の教育の状況』学校教育研究所、学校図書、2006年
勝野頼彦『諸外国における教育課程の基準──近年の動向を踏まえて』国立教育政策研究所、2013年
"L'éducation ála sexualitédans les écoles, les colléges et les lycées" *CIRCULAIRE* No 2003-027 Du 17-2-2003
"Policies for Sexuality Education in the European Union" 2013
藤村和男『フランスの教科書制度』教科書研究センター、2007年

インターネット・ポルノもファミリー・プランニングも

　パリの公立中学・高校に進んだ18歳の若者に、フランスの性教育や文化について聞いてみました。
　インターネット・ポルノについては、「性教育の授業があまりないから、若者はどうやって性交をしたらいいかよくわからず、ポルノで学ぶことが多いのではないか」。ただ、ポルノは現実ではないので、そこで問題が生じることがあるといいます。また、「もし望まない妊娠をしたら、ファミリー・プランニングに行くと思う。産婦人科医もいるし、匿名で相談することもできるから」と答えています。
　LGBTの青少年の生きづらさについて質問すると「同性愛に比べてトランスジェンダーの人はあまり知られていないが、トランスは高校や大学の同級生にもおり、隠さずに自分がトランスであるという学生が多い」ということです。また、「男性、女性という２種類の性しか認めていない社会では、両性をもつと意識する者や自分の生まれもった性とは違う性をもつと意識する者には、大変生きづらい社会だと思う」と語っていました。
　トランスジェンダーに比べると、同性愛は社会から受け入れられているようです。近親者や友人、学校にも何人もゲイの人がいるということです。この若者の保護者も「子どもの小学校の時の担任や、高校時代の英語の教師はゲイだったが、先生もそれを隠すことはなく、保護者や生徒は皆知っていた。教師として何の問題もないので、取り立てて騒ぐ保護者も生徒もいなかった」と語っていました。
　現代のフランスの青少年にとって同性愛は特別視する存在ではなく、トランスジェンダーの方が深刻な問題を抱えていると見られているということでしょう。　　（橋本紀子）

ドイツ

**性教育バッシングに抗して
ポルノと性暴力に取り組む**

『生物学プラス 7・8』

　「ドイツの（性）教育ってどんなの？」と聞かれても、正直とまどいます。かつての社会主義国・東部州と資本主義国・西部州との文化的な違い、16の各州がもつ「文化高権」、南でのカトリックの影響や北でのプロテスタントの影響などで、性教育の性格も各州で異なるからです。例えば、バイエルン州やバーデン＝ヴュルテンベルク州では性教育は「家族と性の教育」と呼ばれ、家族を重視しており、「性の多様性」は基礎学校（初等段階教育）では扱われていません。一方、北部諸州では、性教育という名称で、ここで紹介するブランデンブルク州のように性の多様性の尊重を重視しています。

親の教育権と文化高権にもとづくドイツの教育

　ドイツでは、戦前のナチスによる教育の国家的支配への反省から、ドイツ基本法（憲法）で教育権を親の自然権（生まれながらの権利）として認めています（第6条）。一方、「すべての学校制度は、国家の監督を受ける」（第7条）と、国家の教育任務が明記されています。この国家の教育任務と親の教育権との間で、とりわけ性の問題は価値的な問題を伴うため、学校での性教育は是か非かがつねに争われます。ドイツ連邦憲法裁判所が、国家が性教育を学校でおこなうことを合法だとしたのは、1977年12月21日のことです。
　もうひとつ、各州には「文化高権」があり、各州は、学校制度・大学制度

❸ Biologie plus 7/8, Cornelsen

の分野において独自の法律を定め、独自のカリキュラムや教育政策を実施することができます。つまり、学校制度やカリキュラムが州によって異なるのです。そこで、ドイツ連邦全体の教育政策などを協議・調整するために、各州教育大臣からなる常設教育大臣会議（KMK）が設けられています。

　もっとも、大まかな教育制度は示せます。6歳で入学する4年制の基礎学校（ベルリンとブランデンブルクは6年制）に続いて、中等段階教育は、生徒の能力・適性に応じて2分岐制か3分岐制をとり、大学進学コースのギムナジウムと職業教育を含めたそれ以外の学校とに分かれます。またそれぞれが中等教育段階Ⅰ（5～9または10学年）とⅡ（10～12または10～13学年）に分かれ、中等教育段階Ⅰまでが義務教育です。

　教科書も、検定審査基準は各州教育省が法令で定め、①憲法や法令に違反しないこと、②カリキュラムに示された目標・内容に一致すること、③学問の水準に即したものであること、④生徒の年齢に即したものであることなどがその基準となります。それを満たした教科書は、州教育省が作成する教科書リストに掲載され、そのリストの中から、学校では教科教員会議の決定にもとづき教員の全体会議で教科書が決定される場合が多く、地方教育行政機関は教科書の採択には関与しません。また教員には教科書の使用義務もありません。

親からの委託にもとづいておこなわれる性教育

　1968年までの西ドイツでは、性教育に関して連邦全体としての統一方針はありませんでした。西ドイツではナチズムの遺産を処理するための重要な手段として、セックス、ジェンダーおよび家族関係に関する保守的なキリスト教的価値が利用されたので、性は社会的にタブーとされていました。この時期までは、1959年以来カリキュラムで性教育を義務づけていた東ドイツのほうが性教育を積極的に進めていました。しかし、1960年代後半に西ドイツ国内で学生運動が活発化し、性革命の波が起こり、常設教育大臣会議は、女性の人権を尊重する政策の一環として、「学校における性教育に対す

る勧告」（1968年）を出さざるを得ませんでした。この勧告が、その後のドイツの性教育の枠組をつくります。

　この勧告で性教育は親の務めであり、学校は教育権をもつ親の教育委託にもとづき、あくまでこの務めに協力する義務を負うとされました。家庭での性教育と学校での性教育を一致させるために、親には親の集まりで自分の経験と疑問を議論する機会が与えられ、学校での性教育の情報が適時与えられるとされました。性教育の目的は、生徒に「人間のセクシュアリティの問題について、事実にもとづいた知識」を獲得させ、この知識によって、生徒が「この領域の関連を理解し、自分を適切に言葉で表現し、難しい現象や異常な現象についても自分の判断を形成すること」におかれました。また、性教育は教育全体の一部であるとして、特定の教科においてではなく、「さまざまな授業科目や授業外の学校行事」でおこなうことになり、「授業目標」が大まかに提示されました。

　この勧告はその後2002年に、「学校の性教育はすでに確立できた」として、廃棄されましたが、その基本的枠組が、今日でもドイツの性教育を特徴づけています。

ヨーロッパの性教育をリードする連邦健康啓発センター

　ドイツの性教育で各州をつなぐ重要な役割を果たしているのが、連邦健康啓発センター（BZgA）です。1990年の再統一後、ドイツでは、東西で異なる男女平等政策や妊娠中絶法を統一する動きの中で、性教育への取り組みも進みます。同じ年の「子ども・青少年援助法（KJHG）」で、性教育は学校外での青少年援助活動団体の重要な課題となりました。1992年には「妊娠葛藤を回避し克服するための法律（SchKG）」（2015年改正）で妊娠中絶が合法化され（東ドイツでは1972年）、この法律にもとづき、1967年に設立された健康啓発センターは連邦レベルで性教育を含む健康啓発を推進する機関として位置づけられました。

　今日、連邦健康啓発センターは連邦保健省の専門部局として、性教育を健

康啓発の重要な構成要素として位置づけ、さまざまな子ども・青少年向けの性教育パンフレットや啓発資料を作成し、学校や青少年センター、民間団体（家族計画センターやプロ・ファミリアなど）に配布しています。また『青少年の性白書（Jugendsexualität）』も出しています。

　連邦健康啓発センターはまた、世界保健機関（WHO）の性と生殖の健康のための協同センターとして、WHOヨーロッパ地域における「全体的（ホリスティック）なセクシュアリティ教育」の実施の促進、そのプログラムの質の改善、その実施の際に諸国を支援する原則文書や資料の作成、ネットワークの拡大に取り組んでいます。その重要な成果が、WHOヨーロッパ地域事務所と連邦健康啓発センターによる『ヨーロッパにおけるセクシュアリティ教育スタンダード』（2010年）です。現在、WHOヨーロッパ地域諸国はこのスタンダードをもとに性教育プログラムづくりを進めています。

各州で一致した性教育のコンセプト

　各州で性教育が異なるとはいえ、今日ドイツ連邦全体での性教育の一致点はあります。それが『連邦諸州と一致を見た連邦健康啓発センターの性教育の基本コンセプト』（2016年）です。ただし、これは各州に対して拘束力をもちません。この『基本コンセプト』では、まずセクシュアリティを、①人間のひとつの実存的な基本ニーズであり、②人間のアイデンティティと人格発達のひとつの中心的な構成要素であり、③生物学的・心理社会的・情動的な次元を含むものである、ととらえています。

　つぎに広義の性教育を、①生物学的事実と避妊方法に関する情報の提供、②セクシュアリティに対する態度とセクシュアリティにおける行動を発達させる際に、支援しつつ寄り添いその能力を促進すること、と規定しています。そしてこの取り組みで、異なる生活スタイル・指向・態度・価値確信に対してオープンである社会的な風土に貢献し、自己決定的で自覚的なコミュニケーションを励まし、心理社会的な支援を促進する社会的風土に貢献するとしています。

各州が一致した性教育に関するテーマは、以下の19項目です。

身体を知ること	セクシュアリティ、友情、愛、パートナー関係、結びつき、自分自身とパートナーとに対する責任
セクシュアリティ	
性的指向、ジェンダー・アイデンティティ	
	ポルノグラフィーとの付き合い
避妊	セックスワーク／売春
家族計画と妊娠	性暴力
出生前診断	性的虐待
関係と感情	葛藤（妊娠葛藤、望まない子どもの喪失、生殖医学）の際の相談、支援および援助
HIV／性感染症	
心理社会的な人格発達	
社会的発展の変化のなかのセクシュアリティ	保健制度と援助制度についての情報
ジェンダー関係とジェンダー役割の反省	セクシュアリティの生物学的、心理社会的、情動的次元

ここには「性の多様性」はありません。性の多様性に関する扱いは各州で異なり、ドイツ全体で論争の火種になっているためでしょう。でも、「性的指向、ジェンダー・アイデンティティ」について各州は文化高権にもとづいて、その内容を自由に展開することができます。

先進地ブランデンブルク州における性教育カリキュラム

ドイツのどの州も、学校法、指針やカリキュラムで、性教育を教科にまたがるテーマ領域として規定し、その目的・内容を定めています。性教育の先進地のひとつであるブランデンブルク州を例に、性教育の実際を見ましょう。

ブランデンブルク州では、性教育を学校法（12条）でこう規定しています。

① 学校の性教育は親による性教育を補完すること
② 性教育は、生徒に、責任意識ある倫理的に根拠づけられた決定と行動様式ならびに人間的で社会的なパートナーシップができるようにさせること
③ その際、性教育では、生徒の親密圏に対する敏感さと控えめな態度、ならびにこの領域における価値観と生活様式に対するオープンさと寛容に注意を払うこと
④ 親には、性教育の目標・内容および形態について適宜知らせること

　今ブランデンブルク州は、2017年度から、ベルリン州と共通した1～10学年の新基本カリキュラムを実施し、教科にまたがるテーマとして、多様性の受容への教育、民主主義教育、健康の促進、暴力防止、男女の平等と同権（ジェンダー主流化）などと並んで、「性的自己決定のための性教育」を設定しています。ほとんどの州で性教育に関連する主要教科は、基礎学校では主に「生活科（Sachunterricht）」（1～4学年で学ぶ教科で理科や社会、技術、歴史などの分野を包括した教科）、中等段階では「生物」となっています。この2つの教科のカリキュラムを見てみましょう。

　2000年の「PISA（OECD生徒の学習到達度調査）ショック」以降、生徒の学習能力を向上させようと、ドイツ史上初めて複数の州による合同カリキュラムがつくられます。ブランデンブルク州・ベルリン州・メクレンブルク＝フォアポンメルン州合同の「基本カリキュラム・基礎学校　生活科」（2004年）もそのひとつです。ここでは、7テーマ領域のひとつである「自分自身を知る」という領域で表1の内容で「セクシュアリティとジェンダー役割」が扱われています。

　一方、基礎学校の「生物」カリキュラム（2004年）では、性教育は「生物は生殖し発育する」（5・6年）という領域で、中等段階Ⅰの「生物」のカリキュラム（2008年）では「セクシュアリティと生殖」（7・8学年）という必修領域で、表2のような内容が扱われています。

　このように、ブランデンブルク州では1学年から8学年まで性に関する学習が系統的になされます。

表1 「セクシュアリティとジェンダー役割」の内容

	求めるもの	内　容
1・2学年	男女の生物学的共通性と違いをあげること	身体部位、性の特徴
	男女の行動を比較しながら説明すること	役割行動と役割期待、役割ステレオタイプ、適切なふれあいと不快なふれあい
	自分の身体そのものについて決めること	性暴力の予防
3・4学年	人間の生命の発生と発達を説明すること 思春期の特徴を説明すること ジェンダー役割と取り組むこと	生殖、妊娠、出産 情動的、身体的および社会的な変化 家族における女子-男子、女性-男性／メディアと広告におけるジェンダー役割の表現／ヘテロな生き方とホモセクシュアルな生き方／一緒に生活する

表2　生物での性教育

	求めるもの	内　容
「生物は生殖し発育する」5・6学年	生物の生殖の基礎を説明すること 構造と機能との関連を説明すること それぞれの生活空間での身体特徴と生活様式の可変性と適応性を説明すること	顕花植物、脊椎動物および人間の有性生殖／顕花植物の無性生殖／脊椎動物網内の卵の構造における変化／脊椎動物における個体の発育／留巣鳥と離巣鳥／子孫の養育
	寛容と受容を示すこと	ヘテロ・バイ・ホモセクシュアルな生活形態における愛とセクシュアリティ
	自分の身体の健康維持の結論を出すこと（以下略）	思春期／射精／月経／生殖器の衛生／性病／避妊（以下略）

	内　容	
「セクシュアリティと生殖」7・8学年	**生殖器官** 　一次性徴と二次性徴 　思春期 　生殖器の構造と機能 　衛生 　月経周期 　性感染症・エイズ 　避妊法	**生殖と発育** 　受精と胚の発育 　妊娠と出産 　妊娠中絶と家族計画 **愛-セックス-パートナー関係** 　人間のセクシュアリティの諸形態 　性特有な行動

ドイツ

では教科書はどうなっているでしょうか。ここでは少し詳しい『生物プラス5・6学年』と『生物プラス7・8学年』を見てみましょう。

> 参照した教科書・教材（タイトル　日本語訳　出版元）
> ❶ Biologie plus 5 / 6　生物プラス5・6学年　Cornelsen　2010
> ❷ Biologie plus 7 / 8　生物プラス7・8学年　Cornelsen　2010

詳細に男女の身体を学ぶ5・6学年の「生物」

11〜12歳対象の『生物プラス5・6学年』❶では、「生物の生殖と発育」の最初に「人間の生殖と発育」が置かれ、その構成は「女性の生殖器」「男性の生殖器」「人が産まれる」「実験し理解する：羊水の機能の模型実験」「避妊」「出産後の発育」「セクシュアリティとパートナーシップ」となっています。

まず導入で「男女の違い」と「思春期」が扱われています。特徴的なことに、男女の行動の違いは生物学的な違いよりももっと社会的発達と教育によって規定されるという科学者たちの知見がしっかり示されています。例として、1901年以来女性も大学入学が許され、多くの女性研究者たちが男性と同様に賢いことを証明してきたこと、今日では多くの

基礎学校5・6学年（11〜12歳）向けの教科書の記述は詳細だ。男女の身体の違いをあげる導入に続き、男女の行動の違いは社会的発達と教育によると、具体例をあげて説明している。男女の生殖器や卵子、精子の構造などの図も精密で本格的

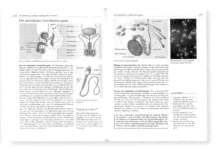

❶ Biologie plus 5/6, Cornelsen, S.114, S.116-117, S.118-119

男性は女性と家事を分担し、子どもをうまく愛情深く世話していることが挙げられています。

男子の射精について、「思春期には、制御されず意図せずに射精が起こることがよくあります」と説明されています。また、思春期における「新たな行動」として、同性愛も取り上げられ、「ホモセクシュアリティと呼ばれるこの傾向」は「人間の本質」であるのに、彼らは人々の無理解や大きな制限、不当な敵視にさらされている、と記されています。

生殖器に関しては、側面図でクリトリスを含めた女性生殖器が示され、卵子の成熟と月経のしくみが図入りで説明されています。月経周期は通例28日だが大きくずれる場合は病気の徴候かもしれないから、女性は月経カレンダーをつけて月経の開始、持続期間やひどさを書くほうがいいこと、月経期間中によく気分が悪くなったり激しい痛みがあるなら医師に聞くこと、月経は自然なことで、いつもと違う栄養をとったりする必要はないし、スポーツもたいていできることが指摘されています。

男性生殖器では、側面図と前面図が示されるとともに、精子の構造と発育が図示されています。包茎も取り上げられ、簡単な手術でなおること、また射精はペニスをしごいたりすれば意識的に起こるし、夢精のように無意識に起こることもあると説明されています。男女の生殖器の衛生も示されています。

「人が産まれる」では、性交がきちんと説明されます。「互いに対する優しさともっと身体的に近づきたいという憧れで性交が起こります」。そして卵子の成熟、受精、着床の過程、受精卵の発育が図入りで細かく説明され、出産場面が写真と絵で示されています。逆子や帝王切開にも触れていますし、妊娠が母体に与える影響から、定期的な妊婦健診を受けることや禁酒・禁煙の必要が指摘されています。

ここでユニークなのは、羊水の模型実験です。生卵と水を入れたビニール袋をビーカーに入れ、注意深く振ったり強く振ったりして卵の状態を観察し、次に卵を直接ビーカーに入れて、同様に観察します。この実験から、生徒は装置のどの部分が子宮のどの部分に相当するかを考えることで、羊水の

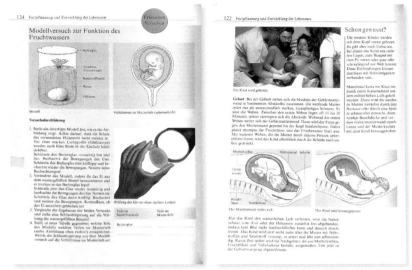

水と膜につつまれた生卵は衝撃に強いことを確かめる羊水の模型実験を通じて、身体のしくみの巧みさを学ぶ

女性医療者の介助を受け、父親が見守るなか、赤ちゃんが産まれてくる写真と分娩過程の図

機能を学びます。もちろん、避妊も書かれています。互いに愛し合いたいなら性交も求める。でもたいていは子どもを得たいとは思わないから、ピルその他の女性避妊具やコンドームが必要だ、と。とくにコンドームは、膣へ精子が入り込むのを防ぐし、エイズや性病を防ぐので、女性にはとくにいいと、その効用が書かれています。ここには避妊具の写真とともに、母親と一緒に婦人科医に相談している写真も載っています。

「出産後の発育」では、授乳が赤ちゃんにとって栄養と安心感を与え、父親の世話も重要だと指摘されています。その際個人的な慈しみが健康な発達にとって必要だという心理学者の認識が紹介されています。老年期と死までの段階が簡潔に記されているのも特徴的です。

「セクシュアリティとパートナーシップ」では人間のセクシュアリティの発達過程が、幼い頃からのさまざまな愛情表現の写真で示されます。ホモセクシュアルの人の写真もあり、そこには「ホモセクシュアリティは人間のセクシュアリティのひとつの形態でもある」と明記されています。また快楽的な性行動は、生殖に奉仕するだけではないし特定の時期にも限られず、人の

思考、行動および感情に生涯にわたって影響を及ぼすこと、またこうした性行動は触れ合い、身体的な興奮と要求、パートナーへのあこがれ、恋に落ちたり愛という形で、あるいはファンタジーとして表現されること、同じことは同性パートナーとの性的関係にもあてはまることが、差別の問題とともに説明されています。最後に、「自分の意志に反する性的行為の強制は性的虐待または性暴力」であると解説され、そうならないための具体的なアドバイスが、「ドイツ児童保護連盟」や「子ども緊急所」の紹介とともになされています。

日本の小学3・4年生向け教科書の「育ちゆく体とわたし」に比べて、この教科書の記述は詳細で図表も本格的です。課題もアクティブで、「（例えば産婦人科医に）行って尋ねて、さまざまな避妊具の信頼性を概要としてまとめなさい」とか「家族や知り合いに赤ちゃんはいますか？　赤ちゃんの年齢とその子の能力について報告してください」といったぐあいです。

思春期に向けた　メッセージ性豊かな教科書

13～14歳対象の『生物プラス7・8学年』❷では、「大人になる」という単元が、「思春期にはすべてが変わる」「受精卵から出産まで」「性感染症」の3つから構成されています。その内容は、思春期の変化のただ中にある生徒の興味や関心に即して構成され、各テーマのはじめに観察実験や討論を採り入れて興味をそそっています。

「思春期にはすべてが変わる」では、母親にむかつくアンネ（14歳）の写真

7・8学年（13～14歳）の教科書は、導入部分で考えたり話し合ったりするアクティビティが提案されている。母親にむかつくアンネのストーリーをどう思うかや、学校での4つのシーンを、クラスで演じて話し合うロールプレイなどだ

❷ Biologie plus 7/8, Cornelsen, S.48

異性愛だけでなく同性にひかれるゲイやレズビアンがいることが説明されている。思春期の身体の発達にともなって性行動にあこがれることは普通のことだけれど、メディアのなかでのようには理想的にいかないことも説明される

を見てその状況を想像したり、クラスでの日常的な4シーンをクラスで演じてみて、演じた者と観た者が何をどう感じたか、そのシーンがどれほど現実的なのかを評価しあうロールプレイがおこなわれます。「心身の変化」では、思春期の特徴として、気分や感情の揺れ、反抗して自分で決めようとすること、自分のアイデンティティと自分のセクシュアリティの発見と発達が指摘されています。また「思春期における身体の発育」で、脳とホルモンとの協働が説明されています。

「セクシュアリティとパートナー選び」では、「戯れ合い」から、身体的近さを求め、お互いに憧れあい、「おなかのなかの蝶（ドキドキ）」を感じる愛に発展することがあること、異性愛だけではなく未解明の原因で同性を好きになる同性愛があり、男性のホモセクシュアルをゲイ、女性のそれをレズビアンと呼ぶこと、若いペアは気が合って、お互いに寝たい思うけれど、「初体験」の後では、性的な充実を以前に想っていたほどには思わないこと、だから希望、夢、願いや不安について語り合うことはパートナーの理解にとっては大切なことなどが、指摘されています。また、多くの青少年が「つくられた」スター（アイドル）に無意識に向かうけど、こんなセックスシンボルにかなう人間なんてほとんどいないし、こうした理想像が現実に対する目を曇らせて、時には性行動障害や摂食障害になることもあると説明されています。男女の生殖器は、5・6学年の教科書よりももっと詳しく解説されます。例えば、精子と卵子の構造と形成、卵巣内や子宮内での過程が図や写真で説明されたり、月経カレンダーの実際例が示されています。

「受精卵から出産まで」でも、最初に子宮内での胚の発育のフィルムを見

て、グループで話し合う課題が出ています。性交も詳しくこう説明されます。

愛し合い身体的に近づきたいと思えば、2人は互いに寝たいと思うし、性交したいと思います。互いになでたり触れ合ったりして、2人は性的に興奮します。この性的興奮は身体にも示されます。男性のペニスは硬直し勃起します。女性では、クリトリスが膨らみ、膣はペニスを受け容れられるよう滑りやすくする液体を分泌します。相互の動きで、女性のクリトリスと男性のペニスはますます強く刺激されて、その結果男女は性的な頂点、オルガズムを体験することができます。その際男性では射精が起こり、女性では膣の筋肉が収縮します。これがたいていは幸福と快楽の感情として感じられます。

「胎児の発育」では、写真が示され、出産では胎児のへその緒も含んだ出産経過の絵が載せられています。出産の3段階（開口期、娩出期、後産期）も解説されています。避妊はここで取り上げられます。望まない妊娠は以前に比べて少ないが、それを予防する多くの方法があるので、それを婦人科医に相談した後に選ぶか、あるいは婦人科医に選んでもらうこと、コンドームは正しく使えば避妊だけでなくエイズその他の性感染症の予防にもなること、ピルがきわめて確実なホルモン避妊薬であることが解説されます。

ある17歳の女子生徒にはつきあっている彼がいる。2人には高校卒業試験を受けて大学に行くという共通の計画がある。でも避妊に失敗して、望まない妊娠をしてしまった。彼女は中絶を思う一方で、自分の中に新しい生命が宿っていることを感じている……。子どもを産むか否かで揺れ動く彼女に助言をする課題が示される

妊娠中絶の問題については、かつて刑法218条や219条で処罰されていたが、1995年以降ドイツでは出生前の生命を守る義務があり、例外として女性には相談後妊娠12週以内に中絶してもらえるし、相談に応じる相談施設があることが解説されています。また中絶の葛藤事例を挙げて、相談のロールプレイをし、クラスみんなで討論するという課題が出ています（前ページ下図）。

　性感染症に関しても、はじめに2001 〜 2014年のドイツ16州別の梅毒患者数のグラフを示して、そこから何が読み取れるかを考えさせて、梅毒、淋病、クラミジア、エイズについて解説します。

　このように、2つの教科書は、学問の成果にもとづいた知見を、生徒の興味をそそるようなかたちで、性の問題を扱っています。

性教育バッシングに抗して社会全体のポルノ化と性暴力に取り組む

　同性愛の罰則規定は1994年に撤廃され、「登録された生活パートナーシップに関する法律（LPartG）」（2001年）で同性カップルの共同生活が保障され、この6月には同性婚法が可決され、同性婚者の養子縁組も可能となりました。また、日本と似たトランスセクシュアル法が1980年に成立しましたが、今では身体を変えなくても性別登録変更ができます。

　ところがここ数年、性教育に対するバックラッシュ運動が街頭にまで及んでいます。その攻撃の標的は、早期からの性教育や性の多様性（LGBTI）を推進する性教育です。その根底には、ホモフォビアと伝統的な家族像の固執、ジェンダー主流化政策への敵視があります。このバックラッシュには、インターネットやSNSを介した社会・文化全体のポルノ化が子どもたちの性に悪影響を及ぼすのではという保護者の不安も反映されています。

　実際、『青少年の性白書2015』によれば、性に関する重要なことをポルノなどの動画から得ている14 〜 25歳の女子は16％、男子は49％になります。また、性暴力被害も大問題です。14 〜 25歳の青少年で性暴力を受けた女子

は5人に1人となっています。

　ドイツの性教育者は今、「ポルノ対応能力」を青少年に積極的に身につけさせるために、まず教員・社会教育者の対応能力を高めようと、『ポルノについて話そう』といった教材を開発して取り組んでいます。青少年向けには、連邦健康啓発センターはwww.loveline.deを提供し、民間のプロ・ファミリアは青少年・大人向けオンライン性相談としてSextraを90年代半ばから開いています。また、この間、ベルリン州やハンブルク州にみられるように、性暴力防止に学校としても精力的に取り組んでいます。性教育バッシングと社会のポルノ化・性暴力のなかで、性教育の果たす役割はますます重要になっています。

（池谷壽夫）

参考文献
池谷壽夫『ドイツにおける男子援助活動の研究──その歴史・理論と課題』大月書店、2009年
池谷壽夫「第5章　ドイツ」橋本紀子監修『こんなに違う！　世界の性教育』メディアファクトリー新書、2011年、pp.112-120
池谷壽夫「最近のドイツにおける性教育をめぐる論争と性教育の課題」『現代性教育研究ジャーナル』No.45、日本性教育協会、2014年、pp.1-7
Wissenschaftliche Dienste (2016). Sexuelle Vielfalt und Sexualerziehung in den Lehrplänen der Bundesländer
Sielert, Uwe (2011). Sexualaufklärung in Deutschland. *FORUM. Sexualaufklärung und Familienplanung* (BZgA), 2-2011, 28-32
科学研究費研究成果報告書『〈性〉に関する教育の内容構成・教育課程とジェンダー平等意識・セクシュアリティ形成』（基盤研究B、2013〜2015年度、研究代表者橋本紀子）におけるドイツでの聞き取り調査報告、2016年

ヴォルテール総合学校での充実した性教育

　性教育がどのようにおこなわれているのか、2012年度のヴォルテール総合学校での性教育を見てみましょう。生物の教員グイド・マイウスさんはゲイで、教育科学労働組合（GEW）ベルリン支部ゲイ教員グループのメンバーです。マイウスさんの話では、この学校では６学年と８学年の２回、性教育をおこないます。基本カリキュラムでは、性教育には７・８学年の生物90時間のうち15時間をあてますが、この学校では25時間で、その内訳は、７学年では「病原体と免疫システム」（10時間）、８学年で「セクシュアリティと生殖」（15時間）となっています。８学年の内容は、基本カリキュラムと同じです（表２参照）。

　マイウスさんは、性教育をおこなう際には、事前に生徒から匿名での質問を受けつけ、また自分の名前で親への手紙を出します。そこでは、今年度に「生物は生殖し発育する」というテーマを生物の基本教授プランにしたがって扱う旨を伝え、親がこのテーマに自分の見地から寄り添い子どもと話し合う機会をもてるように、計画された内容とブランデンブルク州の学校法、基本カリキュラムが引用されています。

　マイウスさんに「ゲイであることを生徒に話しているの？」と聞くと、言ってはいないがうすうすわかっているが、性教育には支障はないとのことです。　　（池谷壽夫）

イギリス

教科書は原則自由。
「人間関係と性」必修化で
よりいっそうの充実へ

『PSHE 1』

イギリスの正式名称は「グレート・ブリテンおよび北部アイルランド連合王国」で、イングランド、ウェールズ、スコットランド、北アイルランドの4つの非独立国が連合して成り立ち、それぞれが独自の行政をおこなっています。ここでは特に説明のない限り、イングランドの場合を中心に記述します。

ピルとコンドームは健康保険で無料に

　ロンドン五輪の選手村でコンドームが無料配付されたという報道を覚えている方もいるかもしれません。オリンピックの選手村でコンドームが配付されるようになったのは1988年のことですが、イングランドではそれより前の1973年に、避妊相談や避妊具は年齢や婚姻状況にかかわらず公費で提供すると国民保健サービス再編法で定めています。現在では4つの非独立国のすべてで、コンドームや経口避妊薬（ピル）などの避妊具を家庭医や家族計画クリニックを通して無料で入手することができます。日本では、「病気の治療ではない」という理由で避妊は国民健康保険の対象外ですが、イギリスの国民保健サービス（NHS）は、望まない妊娠と性感染症を防ぐことは健康を守るという理由から公費負担となっているのです。NHSのホームページで検索すると、無料のコンドームを入手できる施設はロンドン市内だけで700か所以上見つけることができます。

　イギリスはヨーロッパの中でも10代の妊娠・人工妊娠中絶が多い国のひとつです。そのため、10代の望まない妊娠を防ぐための教育や健康政策に力を入れて取り組んできました。その努力の結果、例えばイングランドと

❸ PSHE Education1, Hodder Education

ウェールズでの2005年の18歳未満の中絶率は女子1000人あたり17.8でしたが、2015年には9.9と半数近くにまで減少しています。

「性的同意年齢」「同意」……なにごとも定義された国

　イギリスの4つの非独立国では、異性愛でも同性愛でも、どのようなかたちの性的行動においても、性的同意年齢は男女とも16歳と定められており、16歳未満の者と性的な行為をすることは法で禁じられています。中でも12歳以下の子どもは特別に保護されるべきと考えられており、子どもに対する性的虐待や強姦、性的な誘惑などは最大で無期懲役になることもあります。なお16歳未満同士で年齢の近いふたりが互いの同意のもとで性行為をおこなった場合については、それが性的搾取や虐待ではない限り起訴の対象とはしないことが、内務省のガイドラインで示されています。

　性的な「同意」についても、性犯罪に関する法律で明確に定義されています。4つの非独立国によってそれぞれ法律上の表現は異なるものの、誰かに強制されたものではない当人の自由意思にもとづく選択であることや、本人に選択をする能力があることなどが性的な「同意」の要件とされています。法律の運用にあたって用語の定義がされているため、性教育においても、性行為における「同意」とは何かということを明確に説明することができるのです。

　医療サービスを受けるにあたっても、当人の同意は重視されています。イングランド、ウェールズ、スコットランドでは、性的同意年齢に満たない16歳未満の女性であっても、医師との面談により当人が自分の状況を十分に理解できていると認められれば、親の同意なしに中絶することが可能です。1980年代におこなわれた裁判の判例により、医療従事者は、当人が状況の理解と医療行為への同意をしていれば、16歳未満に対しても親の同意や、親への連絡なしに、避妊や中絶など性的健康に関わるサービスを提供しなければならないとされています。これらの考え方は、裁判に関わった者の名前から「ギリック意思決定能力」や「フレイザーガイドライン」と呼ばれ

ています。

　ポルノグラフィーに関しては、登場人物が18歳以上であるか、過激なポルノでない限りは合法であるとされています。「過激」の定義は、イングランド、北アイルランド、ウェールズの議会法によって「人の生命を脅かすような行為」「人の肛門や胸あるいは性器に深刻な傷を結果的に負わせるような行為」などのように具体的に定められています。合法なポルノであっても、18歳未満の子どもの目に触れないための配慮をせずに出版・配信することは児童保護法によって禁じられています。

ネットを介した性的やりとり「Sexting」が大きな問題に

　そんなイギリスにおいて、若い世代の性行動はどうなっているでしょうか。世界保健機関（WHO）のヨーロッパ支部が2013〜2014年の調査をもとに出した報告書によると、イングランドの15歳の性交経験率は女子23％、男子18％で、16歳の性的同意年齢に満たないうちから性経験をもつ青少年も多いことがわかります。また直近の性交時にピルを使った15歳はイングランドで33％、コンドームを使った女子は57％、男子は62％となっています。こうした初交年齢の早さと、避妊実行率の低さが10代の妊娠・中絶の多さにつながっていると考えられています。

　また近年では、「Sexting（セクスティング）」が大きな問題として取り上げられています。これはsexとtexting（メールや、SNSなどでのメッセージのやりとり）を組み合わせて作られた造語で、スマートフォンなどで性的な写真・動画・文章を含むやりとりをすることを意味しています。多くは自身で撮影した写真が、本人が意図しないところで不特定多数に公開されてしまうことなどが問題になっています。

　2013年の英国児童虐待防止協会（NSPCC）のチャイルドライン調査（ChildLine Survey）では、13〜18歳の60％が自身の性的な写真や動画を撮るように頼まれた・誘われたことがあるという結果も出ています。写真がいったんインターネット上に公開されてしまうと、完全に取り除くことは不

可能で、いじめや強要・脅迫の手段として使われたり、被写体が18歳未満であればそれが自分自身で撮影したものであっても児童ポルノの製作・配布事件の捜査対象になる可能性があります。こういったインターネットと性の問題は、性教育をさらに推進させる大きな後押しになっています。

学校教育のなかで重視される性の教育

　性教育にふれる前に、基本的な教育システムを説明しておくと、イギリスでは5歳から16歳までが義務教育です。第1学年（5～6歳）から第6学年（10～11歳）が初等教育、第7学年（11～12歳）から第13学年（17～18歳）までが中等教育です。義務教育を終える第11学年（16歳）でほとんどの生徒は一般中等教育修了証（GCSE）を得るための共通試験を受けます。その後、進学を希望する場合は、第13学年（18歳）までを終えたうえで、一般教育修了上級レベル（Aレベル）を得るための共通試験を受けることになります。

　イギリスにはナショナル・カリキュラムと呼ばれる学習カリキュラムがあり、それに則って教育をおこないます。しかし、日本の学習指導要領のようにすべての学校がそのカリキュラムに従う必要はなく、政府からの財政支援を受けていない学校では独自のカリキュラムで教育を実施できます。ただし、義務教育の修了や大学進学にあたっては、GCSEやAレベル試験といった共通試験を受ける必要があるため、学校独自の教育をする場合でも、最終的にGCSEやAレベル試験でよい成績を修められるような水準・内容でおこなわれます。

　「性教育」に対応する語としては、「セクシュアリティと人間関係についての教育（Sexuality and Relationship Education: 通称SREまたはRSE）」が使われており、実際の教育現場では「個人と社会と健康、経済についての教育（Personal, Social, Health and Economic education: 通称PSHE教育）」や「科学」といった科目で主に扱われています。PSHEは健康や人間関係、生きるために必要な事柄を総合的に学ぶ科目で、性教育だけではなく、アルコールや喫煙、いじめ、人権、家計、キャリア形成、家族関係など多くの内容を含んでいま

す。そのため、PSHEの授業はおこなっていても、性に関する単元にはあまり触れないという学校もあります。しかし、科学は11〜14歳で必修になっており、GCSEの試験科目に人間の生殖に関する内容も含まれていることから、性教育関連の内容を学ぶ機会は多いものと思われます。

イギリスでは、10代の妊娠が多かったこともあり、政府が性教育の重要性を認識しています。2000年に教育省から出されたSREのガイダンスには、すべての初等学校は子どもの発達に応じたSREプログラムをもつこと、「科学」のナショナル・カリキュラムに即して思春期や妊娠・出産のしくみなどについて学ぶべきこと、身体の変化が始まる前までに第二次性徴について学んでおくべきということも示されています。

中等学校向けのSREガイダンスでは、「さまざまな種類の避妊方法」「避妊具の入手方法」「避妊具の使用方法」について知識を得ることで、10代の若者の望まない妊娠を減らすことが政府の方針であると書かれています。中絶についても、子どもたちの属する宗教的信念を尊重することを前提としながらも、望まない妊娠と中絶がもたらす心身への影響を理解させ、性と生命の問題について議論ができるようなコミュニケーション力を培うことが目的だと考えられています。

「性教育は家庭でおこなうべきもの」？

このようなガイダンスがありながら、実は「PSHE」は現状ではナショナル・カリキュラムには入っていません。「科学」と並んで必修科目になっていない背景には、性教育は各家庭で保護者がおこなうべきだという考えが根強いことがあげられます。性についての問題は、個人や宗教ごとの倫理観や価値観と深く関係しているため、学校教育の中で必修科目として性教育を学ぶことは、子どもたちに特定の価値観を押しつけることになるのではないかと考え、抵抗感をもつ人々も少なくないのです。

そのためイギリスでは原則として、保護者は子どもを性教育の授業から退席させる権利をもつとされています（教育法405条）。ただし、ナショナル・

カリキュラムで必修である「科学」の中で扱う生殖や人間の発達についての授業においては退席権が認められていません。このような形で、性に関する教育や価値観の自由と、現実に起こっている10代の望まない妊娠を減らす対策を両立させようとしているのです。

　筆者が見学した私立の小中一貫校では、独自の充実した性教育プログラムをもっていましたが、保護者に授業内容を事前に知らせ、授業内容に不安のある保護者と面談をおこなうなど、細やかな配慮をしていました。そうした対応によって教員と保護者の間に信頼関係が生まれ、初年度は退席を申し出た保護者も、2年目から子どもを参加させることが多いなど、退席権を行使する保護者はほとんどいなくなるということでした。

　これからイギリスの性教育は大きく変化することになります。2017年4月27日に議会で、「人間関係と性の教育」(Relationships and Sex Education: RSE) を2019年からナショナル・カリキュラムに採り入れ、法定上の義務として実施することが決まったのです。これは Children and Social Work Act 法の修正案が可決されたことによるもので、イングランドのすべての小学校で人間関係の教育を、すべての中学校で人間関係と性の教育を年齢に応じて教えるということになりました。この背景には、Sexting やネットいじめなどの人間関係と性の問題に対処するためにも、人間関係の構築を基礎とした性教育が求められていることがあります。教育大臣は、将来的にはPSHEも必修化する意向を示しており、今後の動向が注目されます。

生殖器や性交、避妊についても正面から取り上げる「生物」の教科書

　ではまず、必修となっている中等教育の最初の3年間（11〜14歳の学年）の子どもたちが使用する「科学」の教科書を見てみましょう。日本では教科書には国の検定がありますが、イギリスでは出版社が自由に教科書を作ります。そのため表紙には「GCSE対応」や「ナショナル・カリキュラムの要求水準を満たしています」と書かれているものが見られます。

> **参照した教科書**(タイトル　日本語訳　出版元)
> ❶ Biology Now! 11-14　生物学（11〜14歳）Hodder Education　2004
> ❷ Biology 11-14　生物学（11〜14歳）Longman　2009
> ❸ PSHE Education 1　PSHE（11〜12歳）Hodder Education　2008
> ❹ PSHE Education 3　PSHE（13〜14歳）Hodder Education　2010

生物学は、日本では人間以外の生物を扱う科目のように考えられがちですが、イギリスではほ乳動物の一例としての人間という位置づけで、性にまつわることもここで教えることになっています。

初めに、『生物学』❶の「生殖」の節を紹介します。

男性の生殖器については、精巣、精細管（精巣の内部を構成する微細な管状の組織）、陰嚢、精巣上体（副睾丸）、精管、尿道、陰茎、亀頭、精嚢（精液を作り出す腺）、精子、精液、勃起、陰茎包皮、割礼、膀胱などの用語とその構造や役割が1ページをかけて詳しく説明されています。とくに陰茎包皮については、男子の悩みの筆頭にあがるものであることから「ペニスの先端

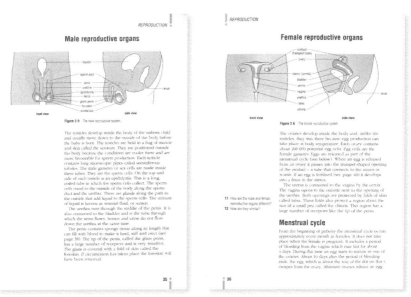

生物学は11〜14歳で必修の教科で、人間の生殖は重要な単元のひとつとして扱われている。男女とも、生殖器についての説明は詳細で、図にも部位の名称が詳細に示されている

❶ Biology Now! , Hodder Education, p.35, p.36

の亀頭は包皮と呼ばれる伸び縮みする皮膚で覆われています。もし割礼がおこなわれている場合には包皮が除去されています」というように詳しい記述がされています。

女性の生殖器についても、卵巣、卵細胞、排卵、卵管、子宮、子宮頸部、ヴァギナ、クリトリス、陰唇などの形状や機能が同じように説明されています。「ヴァギナは外部にむけて開いた器官であり、ラビアと呼ばれる皮膚組織で外部から守られています」「ラビアはまた、小さな豆くらいの大きさのクリトリスと呼ばれる器官も保護しています。クリトリスには、ペニスの先端と同じように多くの神経が集まっています」と日本の教科書では見られない詳しい記述となっています。

よく見られる正面図と側面図にも、これらの位置が書き込まれています。亀頭やクリトリスなどの外性器は、直接、受精の過程に関わるわけではありませんが、子どもたちが実際に自分の身体として目にすることのできる部位です。名称を理解できるようになることは身体教育のひとつとして重要なことだと考えられています。

性交についても、『生物学』❶では以下のように記述されています。

性交の前にはペニスが勃起していること、そしてヴァギナはペニスが

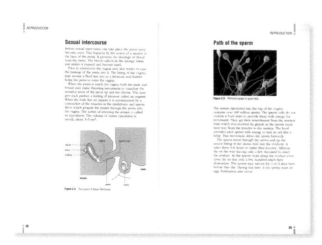

生物学の教科書では、性交について図解や科学的事実にもとづいた記述がある。ほかにも、受精の過程、生殖補助医療、胎児の発達、流産と中絶などの内容が扱われている

❶ Biology Now! , Hodder Education, p.38-39

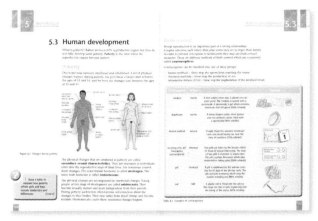

生物学の教科書に避妊について大きく扱いがあり、緊急避妊薬も出てくる。このあとの「生殖とホルモン」では、ピルやインプラント避妊や更年期の説明もあり、人の成長・成熟とホルモンの関係を長い時間軸のなかで理解することができる

　入りやすいよう内側に体液が分泌されていることが必要です。ペニスがヴァギナの中に入ったら男女ともが体を押しつけるような動きをしてペニスの先端やクリトリスなどの敏感な部分を刺激します。これによりお互いにオーガズムと呼ばれる快感を与えることができます。男性がオーガズムに至ると精巣上体と精管の筋肉が収縮し、ペニスから放出された精液がヴァギナに入ります。このような精液の放出を射精と呼びます。

　『生物学』❷ではオーガズムについては述べられていませんが、性交については「ペニスをヴァギナに挿入する」「ヴァギナの中で射精する」といった内容が記述され、同様の図が掲載されています。

　『生物学』❶では他にも、性交後から受精までの過程、生殖補助医療、胎児の発達、母親のアルコール摂取や喫煙、風疹のウイルスなどと胎児の健康の関係、流産と中絶、出産、早産児と低体重児、出生後の赤ちゃんの生活などの内容が記述されています。中絶については、「母親や胎児の心身の健康が危険な場合におこなわれます。また、望まない妊娠の結果おこなわれることもあり、その場合は母親や胎児にリスクがなくてもおこなわれることがあります」と書かれています。

❷ Biology, Longman, p.122-123

『生物学』❷では、避妊や性感染症についても記述があり、コンドームやペッサリー、リズム法（排卵日の推測）、ピル、子宮内避妊法（IUD）などが紹介されています。「生殖とホルモン」の節ではピルとインプラント避妊が特に詳細に説明されています。インプラントは上腕の皮膚下に長さ4 cm、直径2 mmほどのものを埋め込み、そこから血中に放出される女性ホルモンの作用で避妊するものです。日本ではまだ認可されていませんが、1回の処置で3年ほど高い避妊効果が持続するため、イギリスでは近年10代から20代前半の女性の間で人気が高まっています。

日本でいうと小学校高学年から中学2年生にあたる子どもたち向けの教科書ですが、科学的事実にもとづいた詳細な記述であることがわかります。

対話を通して深く「性と生と健康」を学ぶPSHEの教科書

PSHEは保健と家庭科、社会科を足したような科目で、自立して生活していくために必要な多くの事柄を実践的に学ぶ教科です。ここでは2冊の教科書から、性と人間関係の教育に関係のある部分を紹介しましょう。

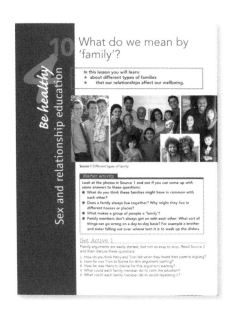

「PSHE」の教科書は、事例を読んだり写真を見たりして考え、話し合う課題を通して学ぶ構成になっている。「"家族"ってどういう意味？」の節は、構成員が大きく異なる家族の写真を見ながら、共通点はなにか、一緒に暮らしているか離れて暮らしているか、それはなぜかなどの問いから始まる

❸ PSHE Education 1, Hodder Education, p.22

教科書の構成は、知識を教えるだけではなく、班に分かれて話し合い、考えさせることを重視して作られています。例えば『PSHE 1』❸の「"家族"ってどういう意味？」の節では、何をもって家族と定義するのか、家族間での口論を解決する方法、家族全体のために自分たちにできることは何かなどを考えさせる課題が用意されています。

　「私に何が起こっているの？」の節では、思春期の体の変化について扱っており、性器の構造などを簡単に解説したうえで、第二次性徴のうち、男子だけに起こるもの、女子だけに起こるもの、男女両方に起こるものは何かリストアップする課題や、体を清潔に保つにはどのような道具や設備（風呂場、歯ブラシなど）が必要かを考えさせる課題、自分や友達の長所をあげる課題などが示されています。最後には「授業を終えてまだ疑問に思うことがあれば紙に書いて無記名で質問箱に入れましょう」と、教科書外のことでも疑問に思うことは授業内で自由に扱えるような工夫がされています。

　「どうしてこんなふうに感じるの？」の節では、親への反抗心や、容姿への劣等感などの思春期の心の変化について、同年代からの相談に対してどんなアドバイスが適切かを話し合わせる課題や、10代の子どもに向けて「思春期と成長」の特集記事を書くとしたら、どのような記事が皆の励みになるか、また地域でどんな職業の人にインタビューをすれば、役立つ情報を発信できる記事になるかを考えさせる課題が示されています。

　『PSHE 3』❹は、13〜14歳向けに編集されているため、実際に恋人と交際する上で必要な知識や考え方を学べるようなテーマが選ばれています。

　例えば、「もし、そうしたくなかったら？」では、13〜15歳の男女が恋人や友人との関係の中でNOと言えなくて困っている状況を具体的に示し、どうしたらいいか考えさせる課題があります。こういった設定の場合、「断れなくて困っている女子」という状況設定のみを考えがちですが、性的関係をもちたがっている女子と困っている男子というイラストによって、性別によるステレオタイプにとらわれない視点が提供されています。

　さらにこの節では、16歳未満での性行為は法で認められていないことや「どれだけ相手のことを愛していたとしても、私たちには自分自身の決断を

「もし、そうしたくなかったら？」の節では、10代が直面しがちな、自分の気持ち以上のことを求められたらどうするかを取り上げている。解決するための方法として、事態を明確にする、問題を熟考する、影響を考慮する、適切な行動を選ぶ、という4段階のメソッドが紹介されている

してそれに従って行動する権利があります」ということも書かれています。

　性感染症について書かれた節では、性感染症やコンドームについての知識や、相談や治療を受け付けている団体や病院の科が具体的に示され、課題にはコンドームの使用を呼びかけるキャッチコピーを考えさせるものなどがあります。

　避妊についての節は、クイズ形式で正しい知識を得るだけではなく、根拠のない俗説や思い込み（初体験で妊娠することはない、妊娠は自分に限って起こるはずがない）を訂正するような構成になっています。他にも、「性経験がない人は相談に行く必要はない？」「秘密は守られる？」「避妊の費用は？」などの疑問について、性教育支援や相談室を開設している民間団体（Brook）のホームページで正しい答えを探すという課題が示されています。こうした授業を通して、自分が実際に問題に直面したときに解決する方法を学ぶことができるのです。

　『PSHE 3』❹には性差別についての節もあります。その中では、例えば親から受ける期待は子どもの性別によって異なるかといった議論や、教科書にあげられている例文が性差別にあたるかどうか考えさせる課題が設定されています。男か女かという性別だけでなく社会的文化的性差であるジェンダーやそのステレオタイプについても考えることが目指されています。

　多様性の受容については、「異なっていること」が招くさまざまな悲劇に

❹ PSHE Education 3, Hodder Education, p.51

健康や人間関係を学ぶ「PSHE」の教科書には歴史的出来事や人物と身近な若者の声、それに現代の著名人も登場する。「異なっていること」の節には、オバマ大統領のスピーチも紹介されている

ついて、第二次世界大戦中のホロコーストや2003年スーダンのダルフール紛争の例をあげて説明し、「相違点と共に、常に共通点が存在しているということを理解することで、無知や偏見を防ぐことができる」と説明しています。課題では、自分のセクシュアリティや学習障がい、肌の色など、他の子とのちがいから学校内で孤立してしまっている生徒のストーリーを読み、もし自分がその立場だったらどう感じるか、ほかにどのような対応のしかたがあるか、何かいいアドバイスがあるかなどを、2人組で話し合ってみようと示されています。

性教育をサポートするさまざまなリソース

イギリスで性教育を実践している団体や組織、教員たちからは「今の世代のイギリスの親たちは性に関してとても保守的な人が多く、子どもたちに性教育が必要だというと、『うちの子はまだほんの子どもなのに』と驚き困惑してしまうことが多い」という発言がよく聞かれます。性に対して、恥ずかしいこと、慎むべきことという印象を抱く人が多いとすれば、日本の状況と

❹ PSHE Education 3, Hodder Education, p.58-59

似ているかもしれません。しかし日本とイギリスで大きく異なるのは、性教育への行政の協力や支援団体がたいへん充実しているという点です。

　前述したSREガイダンスのほかにも、1987年に、性教育（SRE）の充実と義務教育における必修化、若者が性教育を受ける権利を保障するための活動をおこなう民間団体「性教育フォーラム」が1987年に設立されています。国や地方行政の教育や健康関連の部署のほか、小中学校や青少年のための団体や施設、家族計画協会（FPA）や性の健康に取り組む団体Brookなど、中心となる会員だけでも100団体・個人ほどおり、情報交換をしながら教材作りや授業実践をおこなっています。教員や性教育の行政担当へ向けた研修、情報提供のためのパンフレット作成、親や保護者に対する研修や教材作りなどもおこない、WHOや国連教育科学文化機関（ユネスコ）と連携して、性の健康における統計的・科学的なデータや根拠にもとづいた提案をおこなっています。

　PSHE協会も、政府の財政支援を受けてPSHE科目の必修化にむけた政策提言をおこなっており、2017年1月には学年に応じたPSHEの学習プログラム案（PSHE Education Programme of Study）を発表しています。その中では「健康と幸福」「人間関係」「広い視野をもつ」という3点を核として、性をふくむ人生におけるさまざまな問題について考えさせる教育を提案しています。

　2014年には性教育フォーラム、PSHE協会、そしてBrookの3団体が共同して、「Sex and Relationship Education for the 21st century（21世紀に向けた性と人間関係の教育）」というガイドラインを作成しています。これは2000年に教育省が出したSREガイダンス（前述）を補足する目的で出版されたものであり、性教育について主に学校が生徒や保護者に対して担うべき役割を分かりやすく示しています。

　こういった組織のおかげで、教員は必要に応じて教材を購入したり、研修を受けたりするなど、性教育に関する最新の正確な情報を安心して得ることができるのです。

　2017年12月に教育省は、今後、性と人間関係の教育（SRE）やPSHEの中

で扱っていくテーマや、保護者への情報提供の方法などが、有効かつ適切な根拠にもとづいたものであるかどうかの判断・意見を、保護者や教員たちに広く求めるための資料を公表しました。集められた意見などを活用しながら、2019年9月までに新たなSREのカリキュラムが作成されることになっています。このように、教育現場をよく知る教員や保護者の意見を積極的に取り入れていくという考え方も、イギリスの性教育を支える重要な要素であるといえるでしょう。

　イギリスの性教育をめぐる制度は近年、大きな過渡期を迎えていますが、今後、より充実した教育を子どもたちに提供できるよう、これからもさまざまな議論がなされることが期待されています。

(森岡真梨)

参考文献等
「性に関する法律」2015年4月FPA報告書 "The law on sex" http://www.fpa.org.uk/factsheets/law-on-sex
WHO「子どもと青年における健康政策 7 成長の不平等：子どもの健康と幸福感における性別と社会経済による格差」Health policy for children and adolescents,No.7 "Growing up unequal: gender and socioeconomic differences in young people's health and well-being" http://www.euro.who.int/__data/assets/pdf_file/0003/303438/HSBC-No.7-Growing-up-unequal-Full-Report.pdf
「中絶」2016年8月 FPA 報告書 "Abortion" http://www.fpa.org.uk/factsheets/abortion
イギリス下院2017年6月9日ブリーフィングペーパー No.06103「学校における性と人間関係の教育（イングランド）」"Sex and Relationship Education in Schools (England)", http://researchbriefings.files.parliament.uk/documents/SN06103/SN06103.pdf

オーストラリア

多文化の国で関係性が大きなテーマ
民間団体による教材開発やピアサポートも

『初等 健康と価値』

オーストラリアの学校制度と「関係性と性の教育」

　オーストラリアは6つの州と2つの特別地域からなる連邦制の国です。連邦政府と州政府は公務を分担しており、教育に関しては州政府の権限とされてきたため、学校教育課程の基準や義務教育の年限、中等教育の開始学年などの学校教育制度も、かつては州によりかなり異なっていました。1980年代後半に「国家教育指針」が策定されて以降、国としての統一性は徐々に高まりつつあります。

　現在では、州により多少のちがいはあるものの、1年生（6歳）から6もしくは7年生までが初等教育、7もしくは8年生から12年生までが中等教育となっています。ただ、実際の教育課程は義務教育にあたる1〜10年生と、中等教育修了の資格認証のある11〜12年生という区分が一般的です。

　「性教育」を示す用語はいくつかありますが、大学等の調査研究分野では国連教育科学文化機関（ユネスコ）の国際ガイドラインと同様「セクシュアリティ教育（Sexuality Education）」がよく使われます。西オーストラリア州の例をあげると、行政機関では「性の健康と関係性の教育（Sexual health and Relationships Education: SRE）」、家族計画協会では「関係性とセクシュアリティの教育（Relationships and Sexuality Education: RSE）」を使用しています。また、ビクトリア州では「セクシュアリティ教育（Sexuality Education）」や

「性教育（Sex Education）」を使っており、国内で統一された表現はみられません。ここでは、以下、「セクシュアリティ教育」の語を用います。

再び増えるHIV感染、ネットトラブルと性の教育

　若い世代の性行動については、ラ・トローブ大学の性・健康・社会研究センター（ARCSHS）が実施した最新の全国調査（2013年）によれば、10年生（15歳）の約23％、11年生の約34％、12年生の約50％が性交（膣または肛門性交）を経験しており、性的に活発な生徒のうち25％はこれまでに望まない性行為を経験したことがあると答えています。

　オーストラリアは、1980年代半ばにHIV感染のピークを迎えましたが、連邦政府、各州政府、保健医療機関をはじめとする専門家およびNGO団体が協力して対策をおこない、早い段階でHIV／エイズの拡大を防ぐことに成功した国として知られています。しかし、2000年以降、再度HIV陽性者数が増加し始めています。男性と性的接触をもつ男性に最も感染者が多いことに加え、異性愛男性のHIV新規感染者の増加も注目されており、それに伴い異性愛女性のHIV感染者も増加するようになりました。こういった歴史的背景から、近年のオーストラリアにおけるセクシュアリティ教育には、HIV／エイズ対策が大きく影響していると考えられます。上記全国調査においても、HIV／エイズの知識は比較的高いものの、性感染症の知識は依然として低いことが指摘されています。

　同調査では、性の健康に関する情報源として、ウェブサイトを利用した生徒が43.6％と最も多いことが報告されています。フェイスブック（Facebook）をはじめとするソーシャルネットワーキングサービス利用者の増加に伴い、インターネット上の性的なトラブルも増えていることから、若者に対するリテラシー教育や関係性の教育の必要性が高まっています。

　その一方でスミスらの研究では、オーストラリアの中高生は、学校におけるプログラムが性の健康と人間関係に関する最も有用な情報源のひとつであると考えていることが明らかにされています。これらのことから、若者に

とって学校でおこなわれるセクシュアリティ教育は重要であり、その内容を定期的に更新していくことや、セクシュアリティ教育を担当する教員に対する質の高いトレーニングを提供することは不可欠であると考えられます。

セクシュアリティ教育を担う教員養成が鍵

　オーストラリアでは、セクシュアリティ教育に特定の資格や制限はありません。セクシュアリティ教育がおこなわれるのは保健体育や理科に関連する教科が多く、担当するのは主に体育、家政学、科学分野の教員のほか、社会学や英語などの教員、学校の牧師やカウンセラーが担当することもあります。また、小学校では学校看護師や家族計画協会スタッフなど、学校外の医療者や保健担当者に依頼することもあります。

　ユネスコのガイドラインにおいて、大学等における教員養成は効果的なセクシュアリティ教育の重要な要素とされています。しかし、この分野の教員養成教育の内容を評価する研究は、世界的にもオーストラリア国内でもほとんど発表されていません。一方で、セクシュアリティ教育を実施する際の主な障壁として、保護者からの否定的な反応と教員自身が受けたセクシュアリティ教育の2点が指摘されています。セクシュアリティ教育を、大学等における教員養成課程に含めるよう促す必要性があると同時に、現職教員や学校外のスタッフがセクシュアリティ教育において果たしている役割を認識することも重要といえます。このことは日本の学校現場の実態にも通じるものがあります。

オーストラリアのカリキュラムと性の教育

　オーストラリアでは、連邦憲法により教育は州政府の専属的権限とされています。しかし、ナショナル・カリキュラムを開発する動きが高まり、現在は2008年12月に設立されたオーストラリア・カリキュラム評価報告機関（ACARA）が国としてのカリキュラムを作成しています。

西オーストラリア州をみると、西オーストラリア州学校カリキュラム基準機関（Government of West Australia: School Curriculum and Standards Authority）が州のカリキュラムを作成しています。このカリキュラムはACARAの内容をふまえて作られており、西オーストラリア州の公立学校では州のカリキュラムを実施・報告することが義務づけられています。

　西オーストラリア州のカリキュラムの特色として、指導原則の中で①他者と他者の権利に対する敬意と関心、②知識の追求と可能性を達成する責任、③自己受容と自己尊重、④社会的、市民的責任、⑤環境への責任の5つの価値を設定していることがあげられます。これらは、学習領域を超えて必要とされる知識、行動および態度の育成につながるものと考えられます。オーストラリアは多民族、多文化国家であり、学校にもさまざまなバックグランドをもつ生徒が集まっていることから、文化、生活習慣、宗教などを互いに尊重しあうことや他者と協同する態度や能力が不可欠であるとされ、学校教育においてこれらの能力を育成することが必要とされているのです。

　また、西オーストラリア州保健局によって資金提供を受け運営されている「健康的な関係の成長と発展（Growing and Developing Healthy Relationships: GDHR）」は、「性の健康と関係性の教育（SRE）」における教員のためのオンライン・カリキュラムを提供しています。ウェブサイトは、世界保健機関（WHO）の「セクシュアリティ」と「性的健康」の定義にもとづいており、SREは主に保護者の責任であるとしながらも、青少年が関係性や性の健康を肯定的に選択することを学校が支援することは重要であり、ジェンダーと同性愛嫌悪という差別も学校が取り組む重要な課題であると述べています。

　セクシュアリティ教育に関連する内容については、ほとんどの州や特別地域で、重要な学習領域として「個人の発育」「健康と体育」などの教科で10年生まで必修となっています（102ページの表参照）。

　西オーストラリア州の場合、セクシュアリティ教育を取り扱う教科は主に10年生までの「健康と体育」と11〜12年生で学ぶ「人間生物学」です。「健康と体育」に関する学習には、セクシュアリティ、性の健康、リプロダクティブ・ヘルス、人間関係スキルが含まれます。一方、「人間生物学」で

性教育におけるオーストラリアの州と特別地域の教育課程

担当する部門	カリキュラム	必修かどうか	取り扱う教科および内容
首都特別地域教育省高等教育委員会	教育課程の基準は必須学習達成目標を規定	特記されていない	青少年のための必須学習達成目標には、性差別、人間のセクシュアリティ、交渉、肯定的な関係の知識が含まれる
ニューサウスウェールズ教育委員会	教育課程の基準は、シラバスと学習成果を概説	個人発達、健康および体育は、7～10年生の必須の主要学習領域として特定	個人の発達、保健体育。肯定的な関係、性的関係、性の多様性が含まれる
ノーザンテリトリー教育省	カリキュラムの枠組は、必須の学習を規定	保健体育は10年まで義務づけ	保健体育には、性的アイデンティティ、肯定的な関係、性の発達、自己管理スキル、性の多様性が含まれる
クイーンズランド州教育局	教育課程と報告の基準は、各学年の必須の学習を規定する	保健体育は10年目まで義務づけ。性教育は必須学習内容として10年生のみ義務づけ	保健体育には性の健康が含まれる。高等学校レベルでは、健康教育（性の健康）、地域社会学（人間関係）が含まれる
南オーストラリア教育課程の基準を決める教育担当部署	中学生と高校生のための必須学習内容	保健体育は10年まで義務づけ	保健体育における本質的な学習には、安全な性行為、性的権利の交渉スキル、性的アイデンティティと肯定的な人間関係が含まれる
タスマニア教育省	教育課程と基準を設定	健康と福祉は10年生まで義務づけ	健康と福祉のシラバスには、性的およびリプロダクティブヘルス、性的アイデンティティ、肯定的な人間関係が含まれる
ビクトリア州教育課程諮問機関	ビクトリア州の必須学習基準	「Victorian Government Schools Reference Guide」では、セクシュアリティ教育は幼稚園から10年生までのすべての公立学校で義務	セクシュアリティ教育は、保健体育分野、および対人関係発達分野（例えば、お互いの尊重）に分類される。一部の内容は科学領域に含まれる。
西オーストラリア州教育課程協議会	教育課程の基準は「Learning Statements」において学習達成目標を概説	保健体育は10年生まで義務づけ	保健体育に関する学習には、セクシュアリティ、性の健康、リプロダクティブヘルス、人間関係スキルが含まれる。内容は高等学校の健康教育でより深められる

2010年のARCSHSで実施された教員研修の調査の一環として作成

取り扱う性教育関連事項としては、11～12年生で学習する内容に人間の健康と福祉の内容が含まれます。

　オーストラリアでは政府によって指定された教科書はなく、教材開発やカリキュラム開発は学校現場の教員に任されています。実際には、市販の教科書・指導書や教員用資料を改良したもの、また教員自身が独自に作成した資料などが授業内容に合わせて使われています。次の一覧は2014年に西オーストラリア州パースで集めた市販の教科書・教材です。以下では、これらのなかからセクシュアリティ教育にかかわる部分を見ていきます。

参照した教科書・教材（タイトル　日本語訳　出版元）
❶Primary Health & Values（Book E Ages 9 -10）
　初等 健康と価値（9～10歳用）　R.I.C. Publications
❷Primary Health & Values（Book F Ages 10-11）
　初等 健康と価値（10～11歳用） R.I.C. Publications
❸Health Studies stage1 A-B　健康学習　1　Emily Lockhart
❹HUMAN BIOLOGICAL SCIENCE Stage1 Looking Good
　人間生物学　1　STAWA（Science Teachers' Association of West Australia）
❺HUMAN BIOLOGICAL SCIENCE Stage3 Changing Bodies
　人間生物学　3　STAWA
❻HUMAN PERSPECTIVES 2A/2B 人間の全体像　NELSON
❼RELATE: Respectful Relationships Education　関係性の教育　SRHWA（Sexual & Reproductive Health West Australia）
❽Talking Sexual Health　性の健康を考える　ARCHS（Australian Research Centre in Sex, Health and Society）
❾Talk soon. Talk often. すぐ話そう たくさん話そう　ARCSHS

西オーストラリア州の指導書・教科書

健康教育の教科書に見られる性教育関連事項

『初等 健康と価値』❶は、4・5学年（9〜10歳）向けの教員用指導書です。第1節の「健康なライフスタイル」のなかに「思春期」と「命の成長」の項目があり、「思春期」では、男子と女子の二次性徴が取り上げられています。生徒配付用のチェックリストには、腋毛や性毛、気持ちの変化、乳房の発達、ニキビ、ひげが生える、ペニスのサイズが大きくなる、声変わり、友達がより重要になる、精子の生成、卵子の成熟、体臭の変化、身体の急速な成長、異性に関心を持ち始めるなどの項目が並んでいます。「命の成長」では、赤ちゃん、3歳、就学年齢、7歳、現在の5段階で、それぞれの課題や責任、学んだことを記入するようなワークが載っています。

第2節は「個人の発達と関係性」です。「少年と少女は常に同じ扱いを受けているか」として、日常に起きた問題からジェンダーの問題を考えさせています。

「関係性」の節では、ねらいとして「何がよい関係を作るのかを理解させる」と「よい関係の重要性を理解させる」があげられています。

『初等 健康と価値』❷は、5・6学年（10〜11歳）向けの教員用指導書です。第1節の「健康なライフスタイル」では、「思春期－1」「思春期－

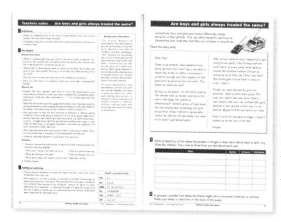

教員用指導書は、左ページに節のねらいや意図、進め方など、右ページはコピーして配付できるシートで構成されている。社会的文化的性差を取り上げることは「健康教育」の重要な一部となっている

❶ Primary Health & Values（Book E Ages 9-10）, R.I.C. Publications, p.48-49

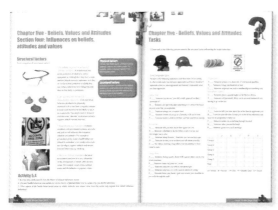

信念や態度、価値観に影響を与えるものとして、必要なものの入手可能性、物理的・身体的要素（製品の質や形状、気候、汚染のない水・大気など）、構造的要因（経済状況、政策や福祉制度など）、メディアなどがあげられている

オーストラリア

2」「社会的、情動的成長」「成長と発達」でセクシュアリティに関連する内容があり、第2節の「個人の発達と関係性」では、役割と責任、ステレオタイプとは何か、友情、関係性、自己決定、対立の解決、寛容を見せる、相互尊重等々の単元を通じて、自分とは異なる規範や価値観をもっている人とどのように折り合いをつけて暮らしていくか等を考えさせるような構成になっています。

『健康学習 1』❸は10・11学年用の教科書で、「総合的な健康観」「ヘルスプロモーション」「健康のための活動と戦略」「保健制度」「信念、態度、価値」「社会的、文化的規範」「自己決定」「コミュニケーション」「調査技術と手順」の9単元で構成されています。「ヘルスプロモーション」で、性感染症や妊娠への対処としてコンドーム使用が取り上げられています。また、「信念、態度、価値」では、信念や態度、価値に影響を与えるものについての記述の一例としてコンドームが出てきます。「自己決定」の項目では、恋愛場面での決断、意思決定に関する課題が出てきます。健康教育の教科書では、心理社会的な内容を多く取り上げていて、個人および社会生活の中での人間の性に関する基本的な内容を理解させるような構成になっています。

科学の側面から人間に迫る人間生物学の教科書

『人間生物学 1』❹は「Looking Good」という副題がついています。2つの単元のうち、単元Aは「私の体」です。体は生命を維持するために多く

❸ Health Studies stage1 A-B, Emily Lockhart, p.66-67

のパーツが同時に働くひとつの複合的な機械として考えることができるとして、さまざまな機能が説明されています。その働きのひとつとして再生産過程を取り上げており、個人は両親から形質を受け継ぐが、それでもなお唯一の個人であること、人間は誕生から死に至るまで一生を通じて変化することなどが述べられています。

単元Bは「健康であること」です。各々の体組成には果たすべき特別の役割があるとしたうえで、男女は生殖において異なった役割をもつので、異なる生殖システムをもつことなどが述べられています。

さらに、「人間生物学のねらいと結果」として「人間生物に関する実践」「人体の構造と機能」「人間の多様性と成長」の3点をあげ、二次性徴も含む「人間の成長率」をグラフで示す課題が載っています。教科書には、0～18歳までの性別の体重・身長の表と、0～16歳の男女の裸体の図が掲載されていて、人間の成長段階を性差も合わせて理解させようとしています。

『人間生物学　3』❺の副題は「Changing Bodies」で、同様に2つの単元で構成されています。単元Aが「通常の人間」、単元Bは「人間の未来」についてです。「進化の証拠──比較解剖学」の比較発生学の章で、日本の教科書でもよく見るヘッケルの魚、サンショウウオ、亀、ひよこ、豚、牛、ウサギ、人間の胎児の成長過程の図が掲載され、ホメオティック遺伝子に組み込まれた身体各部の発達について解説しています。人間の生殖器については触れていません。

『人間の全体像』❻は12学年用の教科書です。人間を総体的に取り上げ、全体像を描くことが意図されています。1～9章は、細胞の働きや肺、食道、腎臓の働きに加え、細菌等の外部からの攻撃に対する防御システムなど、人間の生理学的側面を中心に取り上げています。後半の10～24章では、「生殖細胞の生成」「生殖サイクルと受精」「妊娠」「誕生と発達」「細胞の分化」「健康な妊娠」「避妊の選択」「性感染症」「ＤＮＡ──生命の情報」「遺伝の法則」「子孫の特徴」「人類の多様性の源」などが取り上げられています。男女の生殖器の構造と機能、受精のしくみ、月経周期、ホルモンの働

12学年（17歳学年）用の教科書は、人体の構造と機能を取り上げ、生殖や受胎、避妊のしくみについても解剖学的に詳細に説明している。「科学」としての性を学ぶ機会となっている

き、性交、妊娠、出産経過、授乳、成長曲線などが生理学的、解剖学的に詳しく解説されていて、顕微授精なども取り上げています。

避妊についても、女性用コンドームのフェミドームやホルモン避妊、子宮内装着の避妊具など、どのように体内に装着され、どのように避妊の役割を果たすかが写真と図によって説明されています。日本の教科書と比較すると、高校生にはかなり高度な内容が提供されています。

ただ、これらの教科書では、性のもつ社会的側面や人々の性行動に関する問題は取り上げておらず、あくまでも「人間生物学」として、人間の全体図の範囲内での生理学的な側面を取り扱う内容になっています。

対話を通じて学ぶ家族計画協会の教育プログラム

西オーストラリア州の家族計画協会（Sexual Health Quarters: SHQ）は独立した非営利団体として、セクシュアリティおよびリプロダクティブ・ヘルスに関する活動を40年以上にわたり続けています。SHQは、地域に向けて①性感染症の検査と治療、②避妊に関する情報提供、③計画外妊娠の支援および情報提供、④子宮癌検診、⑤セクシュアリティや人間関係に関するカウンセリング、⑥専門家のための性の健康相談サービスを提供するとともに、セクシュアリティとリプロダクティブ・ヘルスに関する教育とトレーニングの機

会を幅広く提供しています。また、アボリジニの人々や地域社会とのパートナーシップを組んで、性の健康およびリプロダクティ・ブヘルスを促進しています。

さらに、SHQは「関係性とセクシュアリティの教育（RSE）」を実践したいと考える教育者に、教材や授業の支援をしています。そのひとつが、2016年に開発・発表した健康教育プログラム・教材「RELATE」❼で、副題に「Respectful Relationship Education（お互いを尊重する関係の教育）」とあるように、関係性と性の健康を促進する包括的なプログラムを提供しています。

SHQによれば、教員は学校生活を通して生徒をよく理解しており、セクシュアリティ教育プログラムを担当するのに最適な存在であるとしています。一方で、多くの教員はセクシュアリティ教育をおこなうことに自信をもっていないことが多いこともあげ、「RELATE」を提供することで教員を支援しています。教員は、州および州保健局から出されているセクシュアリティ教育のカリキュラムをもとに、SHQから提供されているプログラムおよび教材を使って効果的にセクシュアリティ教育をすすめることができるため、SHQの果たしている役割は重要といえます。

「RELATE」は、8〜10年生の生徒を対象として、相互学習（対話的）形式でおこなわれ、生徒の性に関する知識と関係性についての理解を高めることを目指しています。内容は西オーストラリア州の健康教育カリキュラム（2016年）にリンクしていて、その内容を補完する意味合いをもっています。各学年で連続した8週間のプログラムで、①ジェンダーとアイデンティティの探究、②お互いを尊重する関係を構築する、③効果的なコミュニケーションの3つのテーマで構成されています。

10年生のプログラムと各セッションの目的は次ページの囲みのようになっています。

プログラムは、身近な事例を通してメディアリテラシーのスキルを育てると同時に、発達段階に応じた性の倫理的な側面や交渉、同意に関する主題を掘り下げて考えることができるような構成になっています。

10年生のプログラムのテーマと目的

1. シーンの設定 　グループ規約の設定	すべての人に安全で協力的な学習環境を提供するための要素を探求し、議論する機会を生徒に提供する。
2. あなたはどう思う？	恋愛関係におけるジェンダーのステレオタイプを認識する。ステレオタイプに関する神話や誤解を特定する。シナリオに同意の知識を適用する。
3. 異なる視点	同じ出来事について異なる視点と展望を特定すること。明確で、積極的で、敬意のこもったコミュニケーションの必要性を理解し、特定する。
4. 信じられないこと	さまざまな関係における敬意を欠いた行動や倫理的でない行動を特定する。DVDを見て議論する。
5. 何が起こったの？	危険な状況にある人々の安全と尊重を考慮するための構造を適用する。
6. 私は何を知ってる？	①以下の概念を見直して適用する。 　・ジェンダーとアイデンティティ 　・お互いを尊重する関係 　・効果的なコミュニケーション ②結果を変えるために異なる決定がなされることを理解する。 ③性的暴行リソースセンター（SARC）とそのサービスを知る。
7. 関係性 　ジェットコースターに乗る	恋愛関係のプラスとマイナスのいくつかを特定する。恋愛関係における対立に慎重に対処する方法を考える。
8. あなたはどう思う？	恋愛関係におけるさまざまな意見や価値を特定する。多様性を尊重する。

オーストラリア

また、授業を始めるにあたり授業者にはルールの説明が求められています。セクシュアリティ教育では感情的な問題を扱うことが多く、安心で安全な教室環境を作ることは授業の目的を達成させるために大切です。さらに、教室の中に何らかの経験をもつ当事者生徒がいる可能性があるということを教員が認識することが重要であると述べています。対人関係やセクシュアリティについて話すことで、生徒自身の問題や、不安な感情が表れる可能性があるということに留意する必要があるのです。その可能性のあるトピックには次のものがあります。

　　・同性愛　・性別および性の多様性　・セックス依存　・家庭内暴力
　　・精神的健康問題　・薬物使用　・性的暴行　・計画外の望まない妊娠
　　・性感染症（STIおよびHIV、血液媒介性ウイルス）・犯罪行為

　これらのいずれかを経験したことのある生徒は、授業中に苦しんだり、彼らの経験に関する情報を開示する可能性があります。したがって、教員は可能な限り生徒の背景や経験を認識し、積極的に対応する必要があるのです。生徒が自己開示を始めたり、苦しんでいる場合には、生徒を保護し、否定的な結果を最小限に抑え、必要に応じて適切な支援を提供するための措置を講じることが重要です。教員の知識を超えて問題が発生した場合には、適切な専門家に紹介する必要があります。

セクシュアリティ教育の教材

　先に述べた通り、オーストラリアにはセクシュアリティ教育の教科書はないので、授業のための資料収集は、教員たちにとって重要な課題といえます。アン・ミッシェルらによれば、オーストラリアの教員たちが一般的に使用している主な教材は、Webサイト（79.9％）、DVD（73.8％）、「性の健康を考える（Talking Sexual Health）」（62％）でした。ラ・トローブ大学のARCSHSが作成した「性の健康を考える」❽は連邦政府からの資金提供で作られた教材で、9学年と10学年のセクシュアリティ教育に広く使用され

ラ・トローブ大学の性・健康・社会研究センター作成の冊子『すぐ話そう、たくさん話そう』は、保護者が子どもたちと性について話すコツや内容、参考になる本やサイトが紹介されている。ユーモラスなイラストや写真もいい雰囲気

ています。主に性感染症およびHIV／エイズ、血液媒体性ウイルスに関する資料として1999〜2002年にかけて作成されましたが、発行から10年以上が経過し、改訂にあたっては再び連邦政府から資金提供されることが決まっています。

　全210ページの冊子で「性、薬物、健康」「知識と行動」「多様性に取り組む」「選択肢の最大化、リスクの最小化」の単元があります。ここでいう多様性とは、ジェンダーや人種、文化、社会経済的背景、年齢、障害、宗教、性的指向、性的アイデンティティなどさまざまな側面を含みます。学習者の多様性を認め肯定することは、学校のセクシュアリティ教育が適切に実施されるために不可欠であると述べられています。

　同じくARCSHSが作成した保護者向けの資料には「すぐ話そう、たくさん話そう（Talk soon. Talk often.）」❾があります。この冊子は西オーストラリア州保健省から委託を受け、親や家族を支援するための資料として2015年に作成されたものです。保護者が子どもたちと性の健康について話すためのガイドブックとして、西オーストラリア州だけでなく、他の州でも広く活用

❼ Talk soon. Talk often, ARCSHS, front cover, p.32-33

されています。

多様な性を支援するパース・フリーダムセンター

　パース・フリーダムセンター（Perth Freedom Centre: FC）は、性感染症防止を目的として若い男性のHIV対策のために1994年に設立された団体です。時間の経過とともに、レズビアンやトランスジェンダー、バイセクシャル、インターセックスなど、すべてのセクシュアリティを受け入れるようになりました。最近では、性別違和を感じている若者およびその家族のためのサポートグループも活動しています。利用者の対象年齢は26歳以下に設定されていて、なかには５〜６歳の子どもたちもいます。

　FCは、若者が放課後利用することができる場所であり、参加者のためのセッションやイベントを定期的に開催するほか、ホームページ等での情報提供、学生や教員向けの研修、学校への出張授業、さまざまなキャンペーン活動等をおこなっています。スタッフは常勤１人とパートタイムのピア・エデュケーターが２人、常時５〜６人のボランティアスタッフもいます。

　西オーストラリア州では、最も高い自殺率とそのリスクがあるグループのひとつに、ゲイやトランスジェンダーなど性的に多様な若者があげられています。FCのサービスにアクセスする若者たちは、同じような経験をもつ仲間との対話から、自分はひとりではないということを実感することができます。ピア・エデュケーターが、若者から若者へ「ひとりではない」というメッセージを送ることが重要なのです。

　またFCは、性の多様性に焦点を当てたいじめ防止プロジェクトを立ち上げ、学校とともに取り組んでいます。対象校では、当事者の子どもたちに対するいじめが減少し、成果を上げています。

　オーストラリアでは年末が学年末にあたり、12月から１月が夏の長期休暇となりますが、その夏休みを若者たちが安全に過ごせるよう支援することもFCのプロジェクトの一環です。これらのプロジェクトは11月から２月に実施されます。20〜30人のボランティアたちは、学校外のさまざまなイベ

ントやフェスティバルなど、若者が集まる場所に天使のようなコスチュームでドレスアップして出かけ、コンドームやローション、電話番号が記載されているカードなどが入った無料の「safe sex pack」を配付します。彼らは、若者たちと一緒にゲームやクイズをおこない、安全なセックスの肯定的なイメージを広げる活動をしています。

　ボランティアの多くは大学生で、健康科学やソーシャルワーク、心理学の学生です。彼らは、性の健康だけでなく、アルコールや他の薬物についても研修を受け、性の多様性への理解を示すために虹のアイテムを身につけて活動しています。

（丸井淑美）

参考文献等

勝野頼彦「諸外国における教育課程の基準――近年の動向を踏まえて」『教育課程に関する基礎的研究報告書4』国立教育政策研究所、2013年3月、p.121

Anne Mitchell, Anthony Smith, Marina Carman, Marissa Schlichthorst, Jenny Walsh, Marian Pitts, *Sexuality Education in Australia in 2011*, Australian Research Centre in Sex, Health & Society, 2011, p.4

Anne Mitchell, Kent Patrick, Wendy Heywood, Pamela Blackman and Marian Pitts, *National Survey of Australian Secondary Students and Sexual Health 2013*, Australian Research Centre in Sex, Health and Society, 2014, p.25

Smith, A, Agius, P, Dyson, S, Mitchell, A and Pitts M., Secondary Students and Sexual Health 2008, Report of the findings from the 4th National Survey of Australian Secondary Students, HIV/AIDS and Sexual Health Australian Research Centre in Sex, Health and Society, Melbourne., 2009, p.57

Cohen, J, Byers, ES, Sears, HA, and Weaver, AD. New Brunswick Teachers' Ideas About Sexual Health Education, Report prepared for the New Brunswick Department of Education Department of Psychology, University of New Brunswick, pp.16-28, 2001

橋本紀子（研究代表者）、2013～2015年度日本学術振興会科学研究費基盤研究(B)、課題番号2528522

School Curriculum and Standards Authority, BIOLOGY ATAR COURSE Year 11 and 12 syllabus, 2015

オーストラリアカリキュラム評価報告機関（ACARA）　http://www.acara.edu.au/home

西オーストラリア州学校カリキュラム基準機関　https://www.scsa.wa.edu.au

健康的な関係の成長と発展（GDHR）　https://gdhr.wa.gov.au/home

西オーストラリア州家族計画協会（SHQ）　http://shq.org.au/services/

　西オーストラリア州家族計画協会Sexual & Reproductive Health WA（SRHWA）は2016年にSexual Health Quarters（SHQ）に改名した

性教育で生き方が変わる

　「これだけは押さえておきたい性教育」のプログラムを公立中学校で、大学の先生方と実践して６年目を迎える。性を科学的にどう伝えるか、ディスカッションを中心とした生徒の活動をどう保障するかを中心に話し合い、実践、検証を繰り返してきた。

　学習を始める前は性について「いやらしい」「エロい」「汚い」とマイナスイメージが多数を占める。うつむいたり、ケラケラ笑っている生徒も、「性は大切なもの」と知ると目をキラキラさせて真剣に授業に参加してくる。アンケートや感想文から、明らかに意識が変容しているのがわかる。何より学校生活で子どもとの関係がより豊かになる。

　この実践ができるのは校長と職場の仲間の理解が大きい。２つの学校の総合で荒れた時期になかなか性教育をおこなう余裕がなかったなか、「早くやろうよ。荒れているからこそ必要」と背中を押してくれたのも校長だった。校長とよく話をする一部を紹介する。

①子どもが優しくなる

　性教育は豊かな関係性をつくることが大きなねらいでもある。いろいろな人の生き方を認め合うことの大切さを学ぶことができる。

②卑猥な言葉や、ズボンおろし、股間さわりなどが激減する

　思春期になると変化する自分のからだに関心をもつが、特に性器については学ぶ機会がほとんどない。科学的に学ぶことで性器は大切なものと肯定的に捉え、プライバシーや人権と大きく関わりがあることを理解すれば、行動が明らかに変わる。

③性は大切なことと理解することで、生き方が変わる

　本校はひとり親家庭が多く、半数近くが就学援助を受けている。虐待、犯罪件数も多い地域である。大人を信用せ

ず、斜に構え、悪態をつく。また、自己肯定感が低く「どうせ、自分は」と非行に走る子どもも少なくない。保護者自身も生活にゆとりがなく、子どもと関わる時間が少ない。しかし、性を科学的に学ぶことによってからだの巧みさ、すごさを知り、自分を大切にしようとする気持ちが現れる。自分を大切にできる人は他の人も大切にできる。そして、将来への展望がもてるようにもなる。

　私自身、この実践に出会い、校長と職場の仲間の理解を得て実践するなかで、子どもが大きく変わる姿を目の当たりにし、教師としての喜びを実感している。学校現場が抱えているいじめ・不登校・自殺等の課題も、このプログラムを実践することで乗り越えることができると思える。性教育の大切さを広めることに尽力したい。性教育実践は自分自身の生き方まで変わるほど魅力的である。

（樋上典子　公立中学校教諭）

職場の仲間の理解を得て、性教育を実践

中国

ユネスコ『ガイダンス』をベースにした
先進的な小学生性健康教育教科書が登場

『いのちを大切に 5年下』
『いのちを大切に 6年上』

「一人っ子政策」から「二人っ子政策」へ

　中国は1970年代に世界一の人口を抱える状況となり、安定した経済社会を維持するため、人口増加の抑制が国の最重要課題となりました。1979年から、「晩婚」「晩産」「少生（少なく産む）」「稀（出産間隔を空ける）」「優生（子どもの質を高める）」を主な柱とした計画出産をおこなう政策、いわゆる「一人っ子政策」が実施されます。子どもは1人が原則で、第2子以上については地方政府の許可制となっていました。都市ではこの原則が厳格に守られましたが、農村では、労働力確保の観点から柔軟な運用がなされ、少数民族についてはこの原則は適用されませんでした。

　1980年には、家庭内の男女同権を強調するために改正された「中華人民共和国婚姻法」の中にも、計画出産実行の原則が追加されます。この改正では、社会主義国の婚姻法としての特徴である「国家の保護と管理」が強調され、その文脈で、一人っ子家族の奨励、特別保護と第2子の抑制、多子の禁止・処罰が定められたのです。

　こうした政策の中で、産児制限や中絶の強制が、国家権力の名において地方の党組織や家族計画委員会によっておこなわれ、さらに、法運用の実態が刑罰や暴力による過度な強制をともなっていることもしばしばあったといい

ます。こうした状況は、まさに女性の出産に関する自己決定権、リプロダクティブ・ライツの重大な侵害だといえます。

　その後、これまでの人口政策の影響や、女性の人身売買といった社会的な背景から、「婦人権益保護法」の成立と組織の整備が促進されます。また、リプロダクティブ・ヘルスが提起された1994年のカイロ国際人口開発会議や1995年の北京世界女性会議などの国際的な影響を強く受け、中国政府は"すべての人は衛生保健を享有する"という目標の実現を承諾、関連する法律を公布し、「女性の人権」保障のための法整備も進められていきます。

　こうした状況の中、2002年からは、国の法律として「人口及び計画出産法」が施行され、都市部を含めた各地域の実情により第２子の出産が認められるようになりました。また、社会全体の高齢化やそれにともなう労働力人口減少への危機感から、徐々に規制が緩和されていきます。2011年の段階では、夫婦が２人とも一人っ子同士なら２人産めるようになり、2013年には「計画生育政策（計画出産政策）」を堅持しながらも、「夫婦の片方が一人っ子なら、２人目を産むことを認める」という「単独二胎」という政策方針が打ち出され、2014年からは全国にひろがります。その後も産児制限はさらに緩和され、2016年には、すべての夫婦に２人の子どもを産むことを認める「二人っ子政策」が打ち出されました。

　「二人っ子政策」への転換は、少子高齢化が中国経済を減速させるという危機感がその背景に大きくあるものの、女性の人権保障の動きとも関連していると考えられます。

「人口政策」から「青春期教育」へ

　中国の性教育は、上で見た人口政策と密接に関連してきました。中国の性教育の「芽生え段階（1978～1987年)」とされる70年代からは、高校で「人口教育」が開設され、その中で、月経などをはじめとする知識が「人口基礎知識」として扱われるようになりました。中学校で性教育が正式に位置づけられたのは1988年以降であり、その契機となったのが、この年に国家教育

委員会と国家計画生育委員会の連携で出された「中学校における青春期教育実施に関する通知」です。これによって、若者の性に関する教育は「青春期教育（思春期教育）」として位置づけられます。この「青春期教育」の内容は、徳育と健康教育の2つに分かれています。この2つの側面は、現在の性教育にも引き継がれています。

「青春期教育」が徳育として位置づけられている法的基盤は、1988年7月に定められた『中国徳育指導要領』であり、そこでは、青春期性教育は青春期心理衛生と性道徳、男女間の友情教育であるべきとされています。中学校段階は生徒の身体が発育成熟していく時期であり、生理、心理衛生教育とともに「青春期道徳教育」の適当な時期であることが示されています。

健康教育として「青春期教育」を保障しようとする流れは、1990年4月、国家教育委員会と衛生部共同によって公布された「学校衛生業務条例」によって、健康教育が普通小・中学校では必修とされ、高校や職業高校などでも選択できるようにすることが求められたことから始まります。このような動きは、中国におけるHIV感染拡大への対策と関連しています。さらに、翌91年9月に公布された「中華人民共和国未成年保護法」（92年1月実施）の13条において、学校は全面的に国家の方針を貫徹し、未成年の学生に徳育、知育、体育、美育、労働教育および社会生活指導と「青春期教育」をおこなうべきだとされます。

HIV/AIDS予防を背景に 「安全教育」「健康教育」としての性教育へ

1994年以降、中国の性教育は新たな段階を迎えます。この段階では、国際的な動向に強い影響を受け、特に、1994年の国際人口開発会議（カイロ会議）で出された「行動計画」への取り組みとして、中国政府は積極的に性教育に関連する政策法規を成立させます。学校内の子どもだけでなく「流動児童」（125頁参照）に対する性教育が意識されている点も重要です。1995年以降、国家計画委員会や国務院などによって性教育に関連する文書が次々と

出され、中国政府は性教育を実施するための基盤を整えていきます。2000年以降は、特にHIV/AIDS予防教育に力点がうつりますが、2002年9月に憲法に基づいて策定された「中華人民共和国人口計画生育法（以下「生育法」）」の13条によって、学校における性教育の推進は法的に保障されることになりました。

さらに、中国国務院教育部により、2007年に「中小学校公共安全教育指導綱要」（以下「安全教育綱要」）、2008年に「中小学校健康教育指導綱要」（以下「健康教育綱要」）が出され、性教育の進展に大きな影響を及ぼします。「安全教育綱要」では、「リプロダクティブ・ヘルスの安全」「性心理健康の安全」「異性と付き合う際の安全」といった内容を含み、性暴力、セクシュアル・ハラスメント、リプロダクティブ・ヘルス、HIV予防、有害な性情報などについて、小学校4年生から高校3年生までを対象におこなう性教育の内容を構築する際の重要な法規となっています。

「健康教育綱要」では、小学校1年生から高校3年生までが対象とされ、「健康的な習慣と生活スタイル」「疾病予防」「メンタルヘルス」「成長と思春期における健康」「緊急時の対応と避難」といった5つの領域が示されており、年12〜14時間の健康教育をするように定められています。90年代と大きく異なる点は、小学校1年生から対象となり、性教育に関連する「成長と思春期における健康」では、「生命の誕生、成長の基本的知識〈私はどこから来たか〉」といった内容で教えることが示されている点です。さらに中学校で健康教育を実施する際には、各教科と関連させ、グループワークなど多様な形式で授業を展開するように示されています。関連する主な科目は「体育と健康」ですが、「生物」などの科目に融合するべきとされ、中学校1年生の生物のテキストには、「人間の性」について取り上げられています。

中国性学会による『青少年性健康教育指導綱要』

2012年には、中国性学会によって、『青少年性健康教育指導綱要（試行版）』（以下『綱要』）が出されました。この『綱要』は、香港や台湾の性教育の

「大綱」を参考につくられており、中国教育部の《中小学健康教育指導綱要》を踏まえて、中国国内（北京、四川、浙江と深圳）の約60校の学校でここ10年間に展開されてきた性健康教育実践を踏まえたものだとされています。また、ユネスコを中心に2009年に出された『国際セクシュアリティ教育ガイダンス』（以下『ガイダンス』）をはじめ、香港、台湾の他、アメリカ、ヨーロッパ、スウェーデン、ナイジェリアなどの性教育関連資料も参考にされています。

『綱要』では、性教育を包括的なものであると定義し、①正確で実用的な情報を提供すること、②若者が科学的な価値、態度、社会規範を形成すること、③健康的な人間関係と豊富な対人スキルを形成すること、④責任ある行動がとれるといったことが目標としてあげられています。

具体的な内容は、子ども・若者の身体的・心理的発育段階を踏まえ、包括的性教育が体系的に提供されるよう、小学校低学年（6～9歳）、小学校高学年（9～12歳）、中学校（12～15歳）、高校（15～18歳）と区分され、各段階に応じて、①関係、②コミュニケーションと意思決定、③ジェンダー、④発達とリプロダクティブ・ヘルス、⑤性行為の5つの枠組みが示されています。さらに、①関係の内容として、家庭、仲間、人間関係、婚姻と養育があげられており、それぞれの枠組みの中で、達成されるべき目標が設定されています。例えば、「家族」のところでは、「何が家族関係を形成するのか、異なる種類の家族があることを理解する」といった目標が示されています。『ガイダンス』の中でも、「家族」の部分の重要となる考え方としてあげられている「世界にはさまざまな種類の家族が存在する」とも重なっています。この『綱要』が、『ガイダンス』の影響を強く受けていることがわかりますが、「性の権利」「人権」といった観点が前面に出されていない点は、『ガイダンス』と異なる点です。

『綱要』は学会によるものですから、国家が示す安全教育や健康教育の指針に比較すればその拘束力は強くないかもしれませんが、この『綱要』が、現場の性教育に影響を及ぼしていることも確かです。実際、後述の北京師範大学出版社によって出された小学生用の性健康教育のテキスト『珍愛生命』

は、『ガイダンス』を参考につくられており、その内容は『綱要』と合致しています。

中国における教科書事情

中国おける性教育の法的基盤はかなり整ったものになっていますが、教育現場においては、激しい受験競争の影響を受け、性や健康教育などの時間は十分に確保されていないのが現実です。また、教員側の性教育に対する認識や知識の問題も大きく立ちはだかっています。しかし、中学校で必修の生物の教科書には「人間の生殖」が取り上げられており、基本的にすべての子どもたちに届けられているはずです。限られた学校とはいえ、都市部の小学校では性健康教育が実践されています。

中国では、従来から国家統一の教育基準を定め、統一の教育内容に従い、統一の教科書で学校教育が進められてきました。1986年までの教科書は、教育部の委託を受けた人民教育出版社が「教育大綱」に準拠して、全国統一の国定教科書を編集・発行していました。以下で見る生物学の教科書も人民教育出版社のものです。

しかし1986年以降、教科書制度の改革がおこなわれ、統一した基準と審査にもとづくという前提で、教科書の多様化が進んでいきます。さらに、2008年以降、拘束力の強い「教育大綱」から、弾力的な運用を可能にする

参照した教科書（タイトル　日本語訳　出版元）
❶ 生物学 七年級下冊　生物学　人民教育出版社
❷ 珍愛生命 小学生性健康教育読本 六年級 上下冊　いのちを大切に６年上下　北京師範大学出版社（以下、副題略）
❸ 珍愛生命 五年級 上下冊　いのちを大切に５年上下　北京師範大学出版社
❹ 珍愛生命 四年級 上下冊　いのちを大切に４年上下　北京師範大学出版社
❺ 珍愛生命 三年級 上下冊　いのちを大切に３年上下　北京師範大学出版社
❻ 珍愛生命 二年級 上下冊　いのちを大切に２年上下　北京師範大学出版社
❼ 珍愛生命 一年級 上下冊　いのちを大切に１年上下　北京師範大学出版社

「課程標準」へと移行が進み、各地方の経済、社会、文化の実情にあった教育課程の基準設置を認めているといいます。この流れの中で、北京や上海、重慶などの各地で、それぞれの課程基準にもとづいた教科書が出版されるようになり、特に受験科目でない教科の教科書への縛りは緩やかになってきています。

「人間の生殖」に多くのページを割く中学校『生物学』

　人民教育出版社による『生物学』❶の中で性教育の内容が扱われているのは、「七年級下冊」、中学校１年生の後期の教科書です。この教科書は、教育課程に位置づけられている第４単元「生物の中の人」を扱ったものであり、１冊すべてが人間に関する内容となっています。

　具体的には、「人の起源」「人体の栄養」「人体の呼吸」「人体内の物質運搬」「人体内の老廃物の排出」「人体生命活動の調節」「生物圏における人類活動の影響」の７章からなり、「人の起源」の第２節に「人の生殖」が、第３節に「青春期（思春期）」の内容が取り上げられています。

性器の詳しい名称から「試験管ベビー」まで

　この教科書では、生徒たちが自分で考えたり話し合ったりするための課題が、それぞれの節の最初に示されています。第２節では、「人の生殖過程の中で、たくさんの精子が競争して卵細胞に遊動します。最終的に１つの精子だけが卵細胞に入り込むことができ、卵細胞と合体して受精卵になります。受精卵は最終的に女性の体のどこで胎児として発育していくでしょう？他の質問を出すことはできますか？」とあります。

　ここで学ぶ内容は、「男性と女性の生殖系統」「受精の過程」「胚胎発育の過程」です。男性と女性の内性器の図が、正面と横から示されており、男性の図には膀胱、精嚢腺、前立腺、尿道、陰茎、副睾丸、陰嚢、睾丸という名称と機能が簡潔に示されていて、横から見た図に、自分で名称を書き入れるワークが指示されています。もちろん、女性の器官の解説もていねいになさ

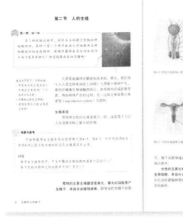
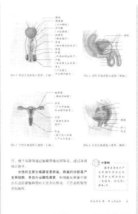

性教育の内容は中学1年「生物学」の後期で扱う。「人の生殖」の節は男女の生殖器の説明から、生殖過程、分娩までが詳しい図とともに6ページにわたって掲載されている

れています。

「生殖過程」として、排卵、受精から胎児が成長する過程もていねいに解説されています。胎盤の機能が詳細に説明され、その図や胎児が羊水の中にいる様子などわかりやすい図も示されています。分娩についての図と説明がありますが、母親にとっての分娩と、親が子どもを育てることの大変さも強調されています。「男性の生殖細胞を生み出す器官はどれか？」といった練習問題もあります。この節の最後には、「科学の話」として「ノーベル賞受賞"試験管ベビーの父"」について取り上げられています。

思春期の心身の変化や悩みも生物学の中に

第3節「青春期」の最初には、「ニキビは何歳ごろできやすいのでしょう？　このころにはまた、身体にどんな変化があるのでしょうか？」という問いかけがあります。この節の課題は、思春期の身体の変化について理解すること、そして、思春期を健康的に過ごすためにはどうしたらよいかということです。身長や性腺の発達に関する資料が示され、それを基に、男女の身体の違いなどについて話し合いが促されています。

身体の成長が性腺と関連していることや性器の発達、月経と射精、性毛や声変わり、乳房の発達など他の身体の変化についても解説されています。「どうして夢精が起きるのか」「月経がなぜ起こるのか、月経が規則的に来な

❶生物学 七年級下冊, 人民教育出版社, p.8-9

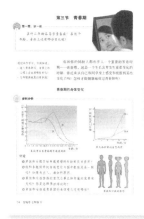

第3節「青春期」は思春期の身体の変化を詳しく取り上げている。親や先生と話すイラストのふきだしやコンピュータ画面型のカコミなど、内容の伝え方も工夫されている

いのはなぜ」といった思春期の疑問、悩みも取り上げられています。初経についての詳しい説明もあり、また「月経時の衛生」ということで、手当の仕方や痛みなどに対する対応、生活の注意などもていねいに書かれています。「思春期の心理的変化」についても、親への反発や異性への関心などが取り上げられ、それらは「正常な心理的変化」だとされています。

最後のまとめとして「注意すべきことは、思春期は、知識を学び、大きな夢を立て、素晴らしい精神を作る重要な時期なので、気持ちを集中して一生懸命勉強し、積極的に課外活動と社会活動に参加し、互いに助け合い、先生と密接に交流し、人生の金色の歳月を健康的に過ごすべきです」とあります。性について科学的に取り上げられてはいますが、性に近づくことを牽制するような道徳的な結論が最後に述べられています。

「性交」には触れず、性行動から遠ざけたい意図も

こうした内容には、いくつかの課題もあります。第1に、生殖過程に「精子を含む精液が膣に入る」という表現はあっても、性交については触れられていません。第2に、「精子が競争して」といった表現も科学的とはいえず、競争主義的な価値観も垣間見えます。第3に、思春期の心理的な変化では、異性愛が前提とされており、性の多様性に対する配慮はありません。第4に、まとめは道徳的で、性欲を抑制し、性行動から遠ざけようとする意図も

❶生物学 七年級下冊，人民教育出版社，p.14-15

> **この教科書で授業を受けたときは…**
>
> 「自分で読んでおくように」といって、「人の生殖」のところをとばす先生もいますが、自分が受けた生物学の先生は、「別に恥ずかしいことではないので落ち着いて」と前置きをしていました。みんなもう教科書を読んでいたので、生徒たちは興奮状態でした……。　　　　（留学生・談）

見え隠れします。

　しかし、こうした内容が生物学の教科書にあるということは、身体の変化はもちろん、月経や射精についても男女ともに学習することが前提とされているということです。性器の図も名称も当然あり、夢精なども含め、性に関する悩みをていねいに扱っている点は、もし、教員が十分に教えられなくても、子どもたちにとって、有用な情報源になるはずです。

ユネスコ『ガイダンス』をベースにした『珍爱生命』

　北京師範大学出版社から出されている『珍爱生命（いのちを大切に）──小学生性健康教育読本』❷（以下『いのちを大切に』）は、北京師範大学の刘文利（Liu Wenli）を責任者とする北京師範大学児童性教育プログラム開発グループによってつくられた教科書です。刘文利は、『ガイダンス』の開発に際して「セクシュアリティ教育に関するUNESCO国際専門会議」に参加したメンバーのひとりです。

　このグループは、包括的性教育を義務教育の課程に導入することを目標にして、小学生のための性健康教育プログラムの研究と実践をしてきました。2007年からは、社会的に弱い立場に置かれている「流動児童」たちのための性健康教育推進にも取り組んでいます。流動児童とは、農村部からの親の出稼ぎに伴って都市部に暮らす子どもたちで、「都市戸籍」がないために教

育機会が奪われていることなどが問題になっています。包括的性教育の取り組みが、流動児童の保護という観点から進められてきたことは特徴的です。『いのちを大切に』は中国で最も先進的な小学生用性健康教育の教科書だといえますが、正式な教科の教科書ではないため、検定は受けていません。

　2010年の1年級上冊から順次出版され、2017年3月に6年生用まで各学年上下巻が完成しました。1〜3年生用は、すでに第2版が出されています。白黒だった1、2年生用がカラーになり、「二人っ子政策」を反映し、家族のイラストの子どもが1人から2人になっているなど、内容にも変化が見られます。

　『いのちを大切に』は『綱要』と『ガイダンス』を基盤に作成されており、『ガイダンス』の6つのキーコンセプト（①人間関係、②価値観・態度・スキル、③文化・社会・人権、④人間の発達、⑤性的行動、⑥性と生殖の健康）を踏まえ、中国の文化と小学校という段階を意識した以下の6つの単元が設定されています。

```
〔上巻〕第1単元　家族や友達　　　〔下巻〕第4単元　人間の発達
　　　　第2単元　生活とスキル　　　　　　　第5単元　性と健康的な行動
　　　　第3単元　ジェンダーと権利　　　　　第6単元　性と生殖の健康
```

　各学年がこれら6つの単元で構成されており、各単元にはそれぞれ2つの主題が設定され、1つの主題の授業時間は1時間、各学年の授業時間は12時間、1年生〜6年生まで72時間の性健康教育の学習時間が確保されることが前提とされています。

　『ガイダンス』を基盤にした『いのちを大切に』の内容について、5、6年生の教科書を中心に、包括的性教育として評価できる点を確認してみましょう。

「人権」尊重の視点

　まず第1に、6年生（上）の教科書には、国際法規とそれに関連する国内法が具体的に示された上で、学校は包括的性教育を受ける正規の場所である

ことが明示されています。「ジェンダーと権利」の単元では国連子どもの権利条約と『中国児童発展綱要（2011〜2020年）』が紹介され、また、セクシュアル・マイノリティに関する国際人権法上の諸原則をまとめた初の文書とされる「ジョグジャカルタ原則」にも触れられています。

第2に、『ガイダンス』の重点である「性の多様性」を含む「ジェンダー平等」の内容がていねいに取り上げられています。

例えば、6年生（上）「ジェンダーと権利」には「性傾向」という主題が取り上げられ、「異性愛者、同性愛者、トランスジェンダーなど、社会の中ではさまざまな人が学習、仕事、生活をしていること」「性的指向が異なっているということは、好む色が異なることと同じ」であり、性的指向が違っても平等に教育を受ける権利があること、社会から平等に扱われる権利、自由にパートナーを選択する権利、家庭を作り、子どもを養育する権利があることが教科書に取り上げられています。

こうした性の多様性を前提に、多様な家族も描かれています。「中国では

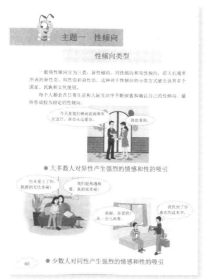

性の多様性については6年ではじめて取り上げられるが、10ページをあて、国際文書や世界のさまざまな国の様子をイラストも交えていねいに取り上げている

6年上巻「3 性情報」の節は、家庭、学校、社会の役割が紹介されている。正規の教育を受ける場所は学校であるとし、以後テレビやネットメディアにも言及している

❷珍愛生命 六年級 上冊, 北京師範大学出版社, p.40, p.52

同性婚がまだ合法化されていない」が、「世界には同性婚を認めている国がたくさんあること」が紹介されています。ステップファミリーや養子家庭、シングルマザーなど多様な家族がイラストで描かれ、同性愛者の家庭で育てられた子どもについて、「同性愛者家庭で育てられた子どもの性的指向は異性愛者の家庭で育てられた子とほとんど同じであり、養育者から影響されない。同性愛者の家庭で養育されている子どもたちへの差別や偏見はなくすべきだ」と明確に書かれています。

科学性にもとづいた記述

第3に、性器について、正確な図も含めて詳細に科学的に取り上げられています。内性器・外性器ともまず1年生で登場し、3年生、5年生で繰り返し学習するようになっています。6年生でも第1単元の「身体の発育」と第2単元の「性と健康的な行動」のところで、性器の図が出てきます。学年があがるにつれ、各器官の役割がかなり詳しく説明されています。

「処女膜の誤解」も紹介されており、「挿入行為をおこなう際に破けるということは間違い」であること、また、膣に「指1本、タンポン、さらに陰茎を挿入しても、組織への損傷はない」こと、「陰茎が初めて挿入される時痛みを感じることや、組織が軽度裂傷する場合もあるが、個人差があり、すべての女性に起こるわけではない」ことなどの説明もあります。男性性器に

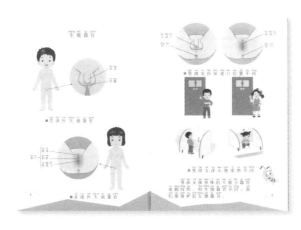

『いのちを大切に』では1年の巻から生殖器官の名称を取り上げている。性的なことは口にしないもの、いやらしいものという観念が芽ばえるよりも前に、科学的知識として名称を学ぶことは自分の体の主人公として育っていくために大切というスタンスが現れている

ついては、「豆知識」として包茎手術についても紹介されています。

　第4に、月経や射精などについても、詳細な説明があります。月経のしくみや周期についてはもちろんですが、「月経は自然な生理現象であり、女性は月経の到来に誇りをもつべきだ」とあり、月経を肯定的にとらえられるような記述が見られます。月経血に対して"汚れた血"のイメージがあり

5年上巻では性的侵害について詳しく取り上げているが、侵害を侵害と受けとめるには、子ども自身が自分の心身を大切に思い、意志を尊重される権利があることが前提である。その目配りとともに、全学年を見通すと、低学年から快い身体接触と嫌な接触について学ぶなど、子どもの発達段階にそって扱っていることが見てとれる

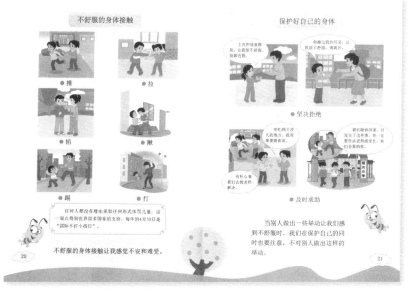

❸珍爱生命 五年級 上冊，北京師範大学出版社，p.45　❻珍爱生命 二年級 下冊，p.20-21

ますが、身体の他の場所と同じような血液」であることが説明され、月経血に対するタブー視を払拭する意図がみられます。月経用品の使い方もていねいに扱われています。射精についても、夢精、遺精、射精したときの精液の量などについて取り上げられています。

　第5に、「自慰」が「性と健康的な行動」の単元で、主題として取り上げられ、女子の自慰も含め「正常な行為」であることが強調されています。また、6年生の「性と生殖の健康」の内容では「避妊」が取り上げられ、男性用、女性用ともコンドームの使い方が詳しく解説されています。

性的侵害を正面から扱う

　第6に、5年生（上）の「ジェンダーと権利」の単元では、「児童性侵害」の具体的な定義と罰する際の刑法の条文などが明確に書かれています。そこでは、男の子も女の子と同じように被害者になる可能性があること、同性の人や面識がある人からも性侵害を受けることがあることなどの指摘もあります。「夜遅くに1人で外出しない」「警戒心をもって潜在的な危険から離れる」「はっきりノーと言う」、危険にさらされた時には「自分の命を守ることを最優先すること」など、子どもが性侵害を受けないための10項目が提示されています。

　仮に被害を受けた時には、「信頼できるおとなに告げること」「証拠を残すこと」「治療を受けること」「積極的にカウンセリングを受けること」などが具体的に示されています。

　それぞれの主題の中で、自分たちで考えて議論するための課題が提示されていますが、ここでは、「性侵害の被害者はよく自分が悪いと思いがちですが、それに対してどのように考えていますか？」という質問が出されています。さらに、性侵害を裁判で訴える場合、子どもの生存権、発達権、保護を受ける権利を基礎とした緒権利について詳しく提示されており、子どもの利益が最大限に保障されることが強調されています。

『いのちを大切に』❸に紹介されている子どもの諸権利

> ① 子どもが自分の意見を発表する権利があります。
> ② 性的侵害の案件が直ちに処理される権利があります。
> ③ 子どもが尋ねられるときに、適切なおとなが現場に立ち会うように要求する権利があります。
> ④ "二次被害"を避ける権利があります。
> ⑤ プライバシーと名誉を保護される権利があります。
> ⑥ 法的支援や弁護士を招く権利があります。
> ⑦ 民事賠償を獲得する権利があります。
> ⑧ 案件の進展を知る権利があります。

保護者からは賛否両論

　一般の小学校では、正式な教科ではないためこの教科書を用いた授業はおこなわれていませんが、子どもが家で読むために貸し出されているようです。この教科書を見た保護者から、こうした性健康教育の先進的な内容に対して、SNSなどを通じて「内容が露骨過ぎて子どもにふさわしくない」「子どもがひとりで読む場合はマイナスの影響」といった批判が出されています。特に、同性愛を肯定的に扱っていることに対しては「どこまで教えるのか」など、激しい批判が噴出しています。

　しかし一方で、性教育の進展を喜ぶ教師の声や、セクシャルマイノリティ当事者からの肯定的な意見もあります。「教科書の内容と表現はもっと子どもらしい、楽しい表現のほうがよい」という建設的な意見も出されています。確かに、『いのちを大切に』は、小学生向けの教科書としてはかなり詳細で高度な内容に見えます。

　いうまでもなく、広大な中国においてすべての子どもが性教育を受けるためには、さまざまな課題が残されています。しかし、この教科書を開発したグループを中心に、性健康教育を進めるための教員養成プログラムも企画、実施されています。北京市大興区行知新公民学校など、モデル校での授業実践も積極的に実施されており、今後、教員用の指導書や保護者用の本も編纂、出版される予定です。性健康教育への理解を促進するために、こうした

モデル校での実践と性教育を受けた子どもたちや保護者へのインタビューなど、肯定的なコメントが集録されているDVDも作成されています。

『いのちを大切に』は、世界で初めて『ガイダンス』を「本土化」した、つまりその国の文化にそった形で具体化した教材として、学術的にも国際社会から注目されており、今後アジア地域にも大きな影響を及ぼすことが期待されます。

（張　莉・田代美江子）

参考文献
刘文利「1988年～2007年：我国青少年性教育研究综述」『中国青年研究』2008年3月
楠山研『現代中国初等中等教育の多様化と制度改革』東信堂、2010年
張莉「『ジェンダー平等』の視点から見る中国性教育の現状と課題」（埼玉大学大学院教育学研究科学校教育専攻修士論文）2014年
仲田陽一『知られざる中国の教育改革』かもがわ出版、2014年
田代美江子・張莉「中国の性教育と『国際性教育ガイダンス』」『民主教育研究所年報（第15号）ジェンダー・セクシュアリティと教育』2014年、pp.44-54
文部科学省『諸外国の教育動向2007年度版』『諸外国の教育動向2015年度版』『諸外国の教育動向2016年度版』明石書店

韓国

貞操教育、純潔教育から
セクシュアリティの教育へ
模索を続ける国、後押しする民間団体

『中学校 保健』

根深い儒教思想と韓国のセクシュアリティ

　世界経済フォーラムが144か国を対象に経済、教育、政治、保健の4分野のデータから算出するジェンダー・ギャップ指数（2017）を見ると、韓国は118位で、ジェンダー・バイアスが根強いことがわかります。

　こうした背景には、李朝時代に国教となった儒教思想の影響があります。儒教は、厳格な身分制度と家族制度を基本にしています。礼節を重んじ、年長者を敬い（長幼有序）、女性は男性に従うものと規定（男尊女卑）、女性に対してのみ「貞節」が求められます。儒教は1392年から1910年まで続いた李朝時代を通して、朝鮮半島の人々の考え方を支配する根本的な思想となりました。こうした儒教思想は、現代の韓国社会の性のあり方にも広く、そして深く影響を与えています。

　性別自認や性指向における多様性への根深い差別もそのひとつといえます。同性愛については複数回にわたって差別禁止法案が出されていますが、保守層からの激しい非難によって廃案となっています。2010年には民放局SBSの連続ドラマ「美しき人生」で同性愛の登場人物が描かれましたが、終盤が放映されていた9月末に韓国で最も発行部数の多い日刊紙「朝鮮日報」に批判広告が掲載されました。

　俳優等で同性愛者であることを表明する人も見られるようになりました

が、少数です。同性愛男性の人権団体チングサイ（친구사이）が啓発活動をしていたり、国家人権委員会の助成金による教師の指針も作成されてはいますが、一方で後述のように2013年に新たに作成された国家水準性教育標準案には「多様な性を学校で扱わない」と明記されています。学校教育の場で多様な性を取り上げるハードルは依然として高いといえます。

中絶合法化や性暴力根絶をめぐって

　韓国の刑法では、本人または配偶者の病気や性的暴行による妊娠、妊婦の健康が危ぶまれる場合など、いくつかの例外を除き、中絶は違法とされています。なんらかの事情で人工妊娠中絶を選択した人をケアするしくみはいまのところありません。安全で合法的な中絶のために「堕胎罪」廃止を求める動きはあるものの、宗教団体等の反発もあって実現されていません。

　また性暴力も深刻です。従来から「家庭暴力防止および被害者保護に関する法律」をはじめ関連法の改正によって、小学校から高校まで、性暴力予防教育の実施が義務づけられていましたが、行政機関も教育プログラム等により積極的に取り組むことになりました。しかし性暴力件数もDV件数も、依然として多いのが現状です。

　性暴力については、過去とどう向き合うかも問われています。アジア・太平洋戦争下、韓国を含む多くの地域で日本軍が作っていた「慰安所」「慰安婦」をめぐって、2015年12月28日に日韓両政府は当事者不在のまま、日本軍「慰安婦」問題を「最終的かつ不可逆的に」解決するとした「合意」を発表しました。韓国ではこれに対し、日本軍「慰安婦」問題を人権教育として記憶・教育するとともに、暴力のない平和な世界をつくるための団体が立ち上がり、幅広い層の人々や団体が共感し支援しています。これは、「慰安婦」が過去の問題ではなく、現代の在韓米軍基地周辺の性売買や身近でも頻発する性暴力事件、世界中の紛争下の暴力問題にもつながる、人間の尊厳にかかわる問題だと認識しているからではないでしょうか。

「貞潔教育」から「性の健康」、そして禁欲主義的な「国家水準性教育標準案」へ

　韓国における性教育は、1950年代に「貞潔教育」として出発し、1960年代には「純潔教育」と呼ばれていました。1970年代に入って事実に基づいた科学的な性教育の必要性が議論されるようになり、1982年度に学校の性教育が公的に実施されるようになりました。

　ただ学校における性教育の第一の目的は、青少年の性的な問題行動を抑制し、「望ましい」性意識をもつ成人を育てることに重点がおかれていました。また教育現場における性教育への抵抗もあり、1983年に「性教育指導資料」が作られて配付されましたが、ほとんど利用されませんでした。

　2000年に小・中・高校の学校教育で性教育が義務化され、翌年には教育人的資源部（現教育部）・教師用性教育指導指針書「いっしょに解いていく性のはなし」「性戯弄・性暴力予防教育プログラム」「学校性教育活性化指針」が出されました。ここで年間10時間の性教育実施と、性教育担当者を各校に1人置くことになりました。2002年、当時の教育科学技術部（現教育部）は、学校における性教育推進を目的とし、「性教育教授・学習資料開発支援計画」を発表しました。2003年には女性部（現女性家族部）でも男女平等教育をおこなう「両性平等教育振興院」が設置され、性教育推進の動きが高まってきます。

　こうした中で2007年に入ると、学校保健法に性教育や精神健康増進の担当者として保健教師が明記されます。韓国の保健教師は、学校看護師（スクールナース）ではなく、看護師資格をもち学校保健に責任をもちながら、健康教育を担当する教員資格をもつ教員です。さらに、翌年からは小学校5・6年で裁量活動時間を活用した年間各17時間以上の「保健」教育の実施が定められました。

　2010年からは中学校は裁量活動選択科目で、高校では選択科目にも「保健」科目がおかれ、保健教師が「保健」教育の時間に、性教育および性暴力

予防教育を実施するように定められています。とりわけ性暴力や性感染症からいかに身を守るかという、性の健康に関する教育が重視されています。

こうした動向に大きな影響を及ぼしたのが、全国の保健教師が組織する「保健教育フォーラム」です。この保健教育フォーラムの運動によって健康教育の時間が増え、また、学校で使用されるテキストも作成されてきました。

その後の性教育の大きな転換点となったのは、2013年5月に朴槿恵(パククネ)政権下で日本の文部科学省にあたる教育部から交付・通知された国家水準性教育標準案(以下、標準案)でしょう。幼稚園から高校までの性教育の内容が書かれたものです。

この標準案の導入にあたって、教育部は「子どもたちの幸せな人生のために、性について正しい知識と情報を通して、望ましい性価値観と性行動ができるような性教育が必要である。性価値観と性規範、性行動に関する教育を通して子どもたちが性的な統制能力を高め、さまざまな性問題に巻き込まれないようにすることが必要である」と述べています。

標準案は非公開で作成され、教育関係者や性教育専門家の意見を反映させる機会が設けられませんでした。教育部は国連の女性差別撤廃条約の総括所見で指摘された内容を踏まえたとしていますが、非科学的ともいえる内容となっています。例えば生殖の側面が強調されていたり、多様性(性別自認、性指向、家族のあり方、ライフスタイル等)が排除されています。全体を通して、性に関わる固定観念を強化するような内容となっています。また、「性暴力が起きる原因」として(被害者の)「性に関連した断りの意思表現がはっきりしない」としている等、性暴力の内容でも誤った叙述が散見され、性と性教育に対する抵抗や偏見がすけて見えます。

朴政権ではさらに教科書の国定化を進めようとしていましたが、文在寅(ムンジェイン)政権になって国定化はなくなりました。標準案についても青少年の性を統制し、性に関する問題を起こさないようにするのではなく、人権としての性の学びを子どもたちに保障するために、内容の検討が必要でしょう。

国家水準性教育標準案、7つの問題点※（ ）は小学校〜高校までの教育段階
① 生殖の側面を必要以上に強調している（中〜高）
② 血縁や異性愛を前提とした近代家族を「自然な」家族とし、多様性の記述が見られない（小、中）
③ 男性の性欲について、衝動性や、男性は複数と性交できるといった性行動の固定観念を強化（高）する内容になっている（小、高）
④ 配偶者の選択条件として「女性は外貌、男性は経済力」、男性は能力を通して自分の存在を確認しようとし、女性は、人との関係のなかで満足を感じるなど、固定化された性規範を強化するような内容である（小、高）
⑤ 性的な多様性が排除されている（幼、中）
⑥ 非科学的・非現実的な理由で禁欲が強調されている（中）
⑦ 性暴力に関して、断りの意思表現がはっきりしないことを要因にあげる、親族による性暴力を家族間の礼儀の問題として扱うなど、科学的な記述となっていない（幼、中、高）

複数の教科で多面的に性を取り上げる韓国の教科書

　韓国の教育制度は日本とほぼ同じく、6-3-3-4制を採用しています。初等学校6年と中学校3年が義務教育です。

　教科書の検定制度は、「小中教育法第29条（教科用図書の使用）①学校では、国が著作権をもっているか、教育部長官（大臣）が検定または認定した教科用図書を使用しなければならない」という規定にもとづいています。民間の出版社が、国の「編纂上の留意点」にもとづいて教科書を作成し、それを国家機関が教科用図書として適切かを判断し、認められなければなりません。もし不適切な場合は著者による修正・補完がおこなわれます。教科書の著作の主体は民間ですが、国の基準にもとづいて検定を受けなければならないという点で、教科書の著作に国が間接的に関与しているといえます。

　性教育に関連した内容は、小学校では保健、家族、社会、倫理、道徳等、中学校では保健、社会、道徳、体育、技術家庭、高校では保健、技術家庭、生活と倫理、東アジア史等の教科で扱われています。ここでは2017年5月時点で使用されている教科書を見てみましょう。

参照した教科書（タイトル　日本語訳　出版元）
❶ 생활 속의 보건 5　生活のなかの健康 5 年　YBM
❷ 생활 속의 보건 6　生活のなかの健康 6 年　YBM
❸ 중학교 보건　中学校 保健　와이비엠
❹ 고등학교 보건　高校 保健　YBM
❺ 중학교 기술가정 1　中学 技術家庭 1　금성출판사
❻ 중학교 기술가정 1　中学 技術家庭 1　교학사
❼ 중학교 기술가정 1　中学 技術家庭 1　교문사
❽ 중학교 기술가정 2　中学 技術家庭 2　지학사
❾ 고등학교 기술가정　高校 技術家庭　삼양미디어
❿ 중학교 도덕 1　中学校 道徳 1　천재교과서
⓫ 중학교 도덕 1　中学校 道徳 1　천재교육
⓬ 중학교 도덕 1　中学校 道徳 1　금성출판사
⓭ 고등학교 생활과윤리　高校 生活と倫理　천재교육
⓮ 고등학교 생활과윤리　高校 生活と倫理　비상교육
⓯ 고등학교 생활과윤리　高校 生活と倫理　교학사
⓰ 고등학교 생활과윤리　高校 生活と倫理　미래엔

科学的な知識と実践的スキル、社会的・文化的性まで取り上げる「保健」

　韓国の保健の教科書は、小学校の段階から、人間の性と生殖、性行動に関する生理学的、社会、文化的側面の知識と実践的スキルを提供しようとしているのが特徴です。画一的なライフステージや生殖としての性、異性愛が前提となっているなど、多様性という側面では課題もあるものの、網羅的にそして具体的に取り扱おうとしています。歴史的な側面や制度面の課題についても、事例をふまえながら考えるという展開が多くみられます。

　『生活のなかの健康　5 年』❶と『同　6 年』❷はいずれも日常生活と健康、予防、薬物と喫煙・飲酒、性と健康、精神の健康、社会、事故予防と応急処置という章立てで、性と健康の章だけで30ページ以上の分量があります。

　『5 年』❶には、「人生において性は必ず必要なもの」という記述のもと、二次性徴に関する説明では乳幼児から成人までの裸の男女の挿絵が掲載され、勃起や夢精、おりもの、月経前症候群や包茎などが科学的に説明されます。『6 年』❷では胎児の成長から分娩過程、双生児（一卵性と二卵性の違い）

やボディ・イメージに関する記述、外性器や内性器の図と、性交を想起させる絵もあります。

『中学校 保健』❸では、性の概念がセックス、ジェンダー、セクシュアリティの側面からまとめられています。二次性徴ではマスターベーションについて説明されています。異性交際のルールとして、付き合い始め、発展期、ストーキングの問題や別れまでが語られており、「性的自己決定権」の重要性が強調され、その基準についても触れています。また月経随伴症状のしくみや月経用品の選び方が記されていたり、男女それぞれ清潔・快適な過ごし方を○×で選ぶ活動もチェック項目は具体的です。「妊娠と避妊」に関しては妊娠の準備からつわりの症状、出産、避妊の説明があります。避妊ではコンドームの具体的な装着方法が図示されており、緊急避妊ピルの紹介もあります。

社会的・文化的な性について、『生活のなかの健康 6年』❷の「男女差別はしない」の節では、目標に「性の固定観念と性差別の観念を知り、説明できる」とあり、「両性平等は個人の潜在力の開発はもちろん、国家の発展のためにも重要」であるとしています。さらに、どのような取り組みが可能かを考えるワークもあります。

『高校 保健』❹では「愛、性的決定権、性役割など性と個人的・社会的関係」の章で「性は時代の産物」として「纏足」(かつて中国で幼女の足指を緊

「性と健康」の章は、日常生活で経験する性にまつわる場面を「明るく楽しい気持ちになる」と「暗くていやな気持ちになる」で塗り分けることから始まる。性という言葉から想起するものを書き出したり、話し合ったりする導入に続いて、大人への心身の変化が詳述されている

❶생활속의 보건, YBM, p.72-73

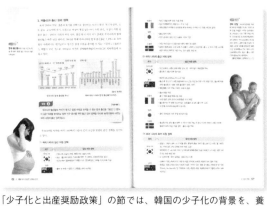
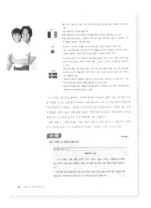

「少子化と出産奨励政策」の節では、韓国の少子化の背景を、養育費負担や教育費増加と所得の減少、結婚・育児観の変化、女性の社会進出、出産・育児を支える社会環境の不備などと記述。各国の出生率の比較、妊娠・出産・育児支援策を具体的に紹介している

縛して発育を抑制した風習）や「烈女」（韓国で節操、信義を堅く守る女性をいう）を取り上げ、歴史におけるジェンダー問題を考える内容となっています。また5点法の"性的意思決定テスト" 20項目が並び、具体的な行動や場面における性役割を考えられるようになっています。韓国の性差別の現状（ジェンダー・ギャップ指数）や課題が指摘されています。

　韓国で深刻な少子化問題については、『高校 保健』❹では出産奨励策の他国との比較をもとに少子化問題を考えさせる内容となっています。4組に1組という不妊の夫婦の統計結果や、未婚の親への支援策についても書かれています。

　多様な性に関わって、『中学校 保健』❸では異性愛を前提とした記述が中心ではあるものの、世代間の性文化の違いや多文化の中での違い、「同性愛差別の禁止」についてもふれられています。『高校 保健』❹では性指向、性別自認の説明も書かれてあり、同性愛については「混乱」することがあるので「決めつけるのは望ましくない」と、思春期のセクシュアリティの「ゆらぎ」を想起させる内容があります。また韓国の多様な性に関する反対論と賛成論（国家人権委員会の勧告にあるように基本的人権を保障すべきとする考え）の両方を紹介しています。

性暴力については幅広く具体的な扱い

前述したように、韓国では性暴力防止教育に力を入れていることもあって、知識からスキルまで、幅広くまた具体的な内容となっています。『生活のなかの健康 5年』❶では、性暴力とは何か、どうすれば安全にすごせるか実践が重視され、『同 6年』❷では、性暴力と関連づけてメディアと性の問題や、小中学生への集団性暴力事件を列記、売春防止法（2004年）が説明されています。

『中学校 保健』❸では「性的リスクからの安全」として、性の商品化の問題と合わせて性暴力、性感染症についてまとめられています。性暴力被害の証拠を確保するため、48時間以内に病院に行かなければならないことも語られています。

『高校 保健』❹では「性暴力の予防」として現状と類型の詳細がまとめられ、「国家による暴力」には日本軍による戦時下の性暴力問題が含まれています。さらに性暴力発生時の対応、相談サイト等を含む相談機関が紹介されており、それが国の取り組みとしてどのような制度があるのかということまで、具体的に書かれています。また「男性の性文化」では、男性の買春文化が「不平等な文化を拡大・再生産」させていると指摘しています。

「自分のからだを守る」の節では、学習目標としてさまざまな性暴力の対処法を覚え、実践できることがあげられ、大声を出す、「火事だ！」と叫ぶ、店に駆け込む、荷物はおいて逃げる、かみつく、携帯電話のSOS機能を使うなどが例示されている

❶생활속의 보건, YBM, p.92-93

人生を見通して性役割を考えさせる「家庭科」

　家庭科では、網羅的かつ具体的に、ライフステージを通した性役割や家族のあり方が描かれています。全体を通して、性の発達や性役割、関係性、家族に関わって、多様性や選択性の記述は少ないのも特徴です。

　科学的な知識と実践的スキルの記述は、保健に比べると簡潔ではありますが、内容は包括的です。『中学 技術家庭1』❺の「青少年の性的発達」では性の表現として、セックス、ジェンダー、セクシュアリティの説明があり、男女の性の違いが図示されています。これは他教科でも同様の記述がみられます。「性を大切に思う態度」では、責任ある性行動や性的自己決定権、性暴力への対処方法、青少年期の性的欲求、自慰行為等が扱われています。

　『中学 技術家庭1』❻や『中学 技術家庭1』❼では男女生殖器の図とともに、男女の性発達について説明があり、二次性徴、受精と妊娠、月経用品、避妊方法、責任ある性行動、10代の妊娠、中絶、性暴力について述べられています。

　他者との関係性と性役割については、『中学 技術家庭1』❻では「異性友達との関係」の中で抑制的に書かれています。「自分がすべきこととのバランスを取りながら、趣味活動やボランティア等の集団活動を通じて純粋で健全な心をもつことが望ましい」という記述からもそれはうかがえます。また、心理的発達として知的、情緒的発達、自我アイデンティティと、青年期の社会的発達が出てきますが、そこには「男性的特性と、女性的特性が調和された両性性をもつ人が望ましい性役割をもつ、状況により、男らしさ女らしさの特性を生かして発揮すべき」とあります。男らしさ、女らしさがあるものとしているところが注目されます。

　ライフステージと性については、『中学 技術家庭2』❽では、進路とライフステージを軸に、より包括的な性を考える内容となっています。20代は「幸せな人生の下絵を描き、就職する時期で、80代は人生の立派な引退を準備する」時期とあります。

　家族周期の「出産および養育期」では、夫婦間の役割分担の再調整が必要、「子どもの養育期」では異性交際について子どもにどんな助言をするか

を問いかけています。家庭生活と職業生活の調和も取り上げられ、家庭内の家事分担の見直しや家事労働の機械化、企業および政府による家事育児の社会化のための努力、両立支援に役立つ社会的支援網の構築が提言されています。また、家庭福祉サービスの実態として、産休や育児休暇制度、共働き世帯の子どもに対する保育、教育費支援を取り上げ、

子どもの胎児期、乳幼児期、児童期、青少年期、成人期それぞれについて、親の役割と責任が示されている

現状はどうなっているのかが記述されています。

『高校 技術家庭』❾では、望まれる愛と性、配偶者の選択、結婚に対する正しい価値観、意思決定能力、幸せな結婚生活のための設計ができるようにすること、健全な妊娠・出産および子どもの発達特性に合わせた子育ての知識と実力を養成することを目標としています。

高齢化社会に備え、自立した老後生活を目標としていますが、ここでも性役割や異性愛が前提として描かれているという特徴があります。また、いくつかの映画の主人公の愛のタイプを「スタインバーグの愛の三角形理論」にあてはめ理解させようとしています。婚前性交と意図しない妊娠、中絶に関する法制度を教えています。ここでも、海外の事例が頻出しています。

「配偶者の選択のスクリーニング理論」では、「婚前交渉は望ましくない結婚動機のひとつとなっています」とし、避妊法や月経周期、不妊の原因とされる生活習慣や産後ケア、乳幼児から児童期の保育・教育が手厚く解説されています。

ジェンダーや生殖医療等、現代的課題を取り上げる「道徳」

道徳では、身近なテーマから法制度まで、現代的な課題に重点を置きつつも歴史的な内容もおさえてあります。さまざまな情報を踏まえた上で、自分がどう考えるかという展開になっています。

❾고등학교 기술가정, 삼양미디어, p.32

スタインバーグの、親密感、情熱、献身の3要素からなる愛の三角形を紹介。次ページでは、4コママンガを活用して、助言を書き込んだり、考える活動を通して、ネット上の性情報の誤りや男女交際上の課題を紹介している

　『中学校　道徳1』❿、『中学校　道徳1』⓫では、科学の発展が投げかける倫理的問題として、理想の特性を備えたデザイナーベイビーをテーマにした映画が紹介されています。白血病の主人公が血液疾患やガンの子どもの治療のために体外受精技術を利用し、ドナーとなる子どもを産ませるというストーリーに対して、自分だったらどんな選択をするかというワーク、判決文の一部を考えるワークが設定されています。

　『中学校　道徳1』⓬では、良い友情関係の特徴と葛藤が生じた場合の解決法がまとめられています。「性と愛、そして異性交際」では性の意味や、他教科にも記述のあるスタインバーグの「愛の三角形」が紹介されています。性行動、相談、友人関係、恋愛関係の事例から考えるようになっています。

　また、「人間の尊厳性と人権」では「両性平等」の歴史や理念が紹介されています。「両性平等」の目的は「それぞれが夢見る幸せな人生を実現することにある」とし、国内の法制度の取り組みとして、戸主制の廃止や両性平等振興法が例として紹介されています。

中絶の是非、生命倫理等に向き合う高校「生活と倫理」

　生活と倫理では、歴史的なものから今日に至る倫理的なテーマについて、論拠や制度面を含めて多角的に捉え、ワークを通して考えを深められるような内容となっています。

　『高校　生活と倫理』⓭では、中絶と生殖補助医療の倫理的争点として中絶

性差別と性的マイノリティの問題を取り上げたページは、明るくカラフルなイラストが印象的だ。固定的な性役割、性差別に対する記述や、社会を構成する多様な性の人々の尊厳に言及している

韓国

問題、試験管ベビー問題、代理母問題、非配偶者間人工授精問題をあげ、権利擁護派と反対派それぞれの論拠を紹介しています。

「性と愛の倫理」では他教科と同様に性の定義に関する記述があります。そして性差別と性的少数者の人権問題、性の商品化、プライドパレードも紹介しています。同性婚をどう考えるか、賛成派と反対派の論旨をあげ、自分の見解をまとめる、性的自己決定権の定義をあげる、自身の性倫理について述べるなどのワークが設けられています。

結婚について「男性は比較的に力が強く、女性は比較的に繊細。しかし、陽のなかには再び陰が、陰の中には再び陽があるように、夫婦の役割は固定されておらず相互補完的な関係であり、固定不変の役割があるのではない」としていますが、多様な家族のあり方にはふれられていません。

「文化と倫理」では「芸術」か「猥褻」か、芸術作品の問題を例に紹介されており、表現の自由と人間の尊厳性という価値によって制限されると記されています。

『高校 生活と倫理』⓮では「堕胎」の倫理的争点がまとめられ、刑法の堕胎禁止条項（270条1項）や堕胎許容範囲が補足説明されています。堕胎をテーマにディベートするワークがあります。

『高校 生活と倫理』⓯「生命・性・家族倫理」では性的少数者について、困難な状況が書かれてあります。人権と結びつけた言動が必要であることが

⓭고등학교 생활과윤리, 천재교육 p.66-67

書かれていますが、「反対」と「支持」の両方が意見として示されており、自分の立場を述べることを求めています。反対意見の内容は根拠のない差別的なものですが、同列に並べてあります。

『高校 生活と倫理』❻「生命・性・家族倫理」では、冒頭に第二次世界大戦時の日本関東軍所属731部隊の人体実験の問題が紹介され、倫理的にどう評価できるかを問いかけています。生命科学技術の発展には生命倫理が必要となるとし、1978年の世界初の体外授精による出産が紹介されています。

以上のように、性に関する内容は、教科の特徴を盛り込みながらも、重複してある程度包括的なものとして掲載されているといえます。性暴力がさまざまな教科で取り上げられているほか、次のことも特徴としてあげられます。
・二次性徴や心身の変化、受精、妊娠、出産、避妊、性暴力等は具体的
・結婚、家族、老後等ライフスタイルに関わるテーマでは、理想像が画一的に打ち出されている
・学習方法として考えるワークが設定されている
・性の問題に関わって相談機関へのアクセス等、どうすれば解決できるか具体的な記述がある

性教育にかかわる3つの省庁と民間団体

韓国では性教育に関連した省庁として、女性家族部、保健福祉部と教育部の3つがあげられます。

女性家族部による性教育の目的は、「女性と児童が安全な(両)性平等社会の構築」にあります。人権を基盤とした教育の一環として子どもや成人への性暴力、そして日本軍「慰安婦」問題に取り組み、教材開発や暴力予防教育、「性人権教育(人権を基軸とした包括的な性教育)」の専門講師の養成や教員研修、警察や福祉施設等の公務員を対象とした講座を開催しています。また、女性家族部の一部局である韓国両性平等教育振興院は、性教育をおこなう専門講師を対象としたセミナーを開催しています。2008年、女性家族部

の一機関として青少年性文化協会が発足し、政府と民間の協力による青少年性文化センターが全国に設立（現在58か所）されました。「AHA！」や「タクティン」といった、学校への出張型の性教育・研修をおこなっている民間団体も発足に関わりました。青少年相談施設AHA！はソウル市とYMCAの予算で運営していますが、女性家族部の支援も受けています。タクティンは障害児／者のための性文化センターで、女性家族部の支援を受けています。

　保健福祉部は日本の厚生労働省にあたり、障害児／者を対象とした出張授業や研修をおこなっています。性暴力被害にあった子どもや成人の保護などにも取り組んでいます。

　教育部は日本の文部科学省にあたり、教育現場におけるカリキュラム立案に関わっています。2010年度からは「保健」科目が設置、義務化されました。韓国で保健を担当する教員は、学校保健に責任をもちつつ健康教育を担当する教員資格をもっています。こうした動向に大きな影響を及ぼしたと考えられるのが、全国の保健教師が組織する民間団体の「保健教育フォーラム」です。

　また、教育部と関わりのある機関として、「学生健康情報センター」があります。この機関は17か所の市道教育庁の支援を受け、韓国教育開発院から運営を委託されており、主な事業は学校保健・学校給食・教育環境・学校体育です。標準案を作成したのはこの「学生健康情報センター」です。

　3つの省庁の関係は次のとおりです。以前は教育部が保健福祉部の大韓家族計画協会（現人口保健福祉協会）に性教育の教員研修や資料を依頼して教員研修等をしていました。2010年になると保健福祉部が担ってきた内容は女性家族部に移動しました。女性家族部は人権を基軸としたより包括的な性教育を進めようとしています。障害児／者の性については、教育は教育部、女性に関して女性家族部、男性の障害者に関して保健福祉部が担当しています。女性家族部と保健福祉部の事業とは重なる部分があります。これまで保健福祉部は保守的な傾向があるといわれてきましたが、政権が変わったことで変化していく可能性もあります。

　このような中、教育部から標準案が出されたわけですが、前述したように

手続き上、そして内容にも問題が多く、各省庁や民間団体からの反発がうまれています。さらに政権が変わりましたので、いろいろな意味で過渡期にあるといってよいでしょう。

韓国の性教育はこれまで、社会状況や時の政権によって、大きな影響を受けてきました。しかし、どのような状況であっても、人権に関わって声をあげる団体が多く存在し、また省庁や教育現場ともつながりながら性教育を進めようとしており、エネルギッシュな国です。

（艮 香織・朴 恵貞）

参考文献等

UNESCO 'International Technical Guidance on Sexuality Education : An evidence-informed approach for schools, teachers and health educators' 2009,http://unesdoc.unesco.org/images/0018/001832/183281e.pdf（2017.9/9現在）
（ユネスコ編『国際セクシュアリティ教育ガイダンス──教育・福祉・医療・保健現場で活かすために』浅井春夫、艮香織、田代美江子、渡辺大輔訳、明石書店、2017年
※「学生健康情報センター」には、学生健康コンテンツ交流協力機関、大韓保健協会、環境保全協会、韓国栄養学会、韓国健康管理協会、社団法人韓国教育環境研究院、財団法人大韓体育人協会、国民生活体育会が関わっている。

禹玉英さんに聞く
韓国の性教育、明るい展望

禹玉英（ウオギョン）さんは1996年から保健教師として働き、保健教育フォーラムの理事長と、京畿大学大学院兼任教授（保健教育）をされています。韓国のこれからの性教育についてお聞きしました。

国家水準性教育標準案について

国家水準性教育標準案は画一的で強制的です。性教育が政治的な立場によって左右されがちなのは、望ましくないと思います。また個人差がある子どもたちや社会状況を考えると、ユネスコのセクシュアリティ教育ガイダンスのように、十分な議論をし、参考程度のガイドラインに変えていくのが望ましいでしょうね。

性教育を確かなものにするために「保健」の必修化を

性教育を進めるには、保健を必修教科として時間を確保する必要があると思います。今の学校教育課程で、家庭科や倫理等の教科で扱っている性の内容を増やすのも重要ですが、法的な責務がなく、学校や教員の裁量になりかねないという問題があります。保健教師には、性教育をおこなうという法的な責務がありますし、子どもの現状を把握していますから、保健教科が必修化されれば、性教育がより学校教育に位置づくことになるでしょう。必修化には保健教師の役割の強化と、人材の確保が肝要です。

文政権での民主的な教育への期待

2017年、文在寅政権になって、高校では学点制（単位履修制度）が導入されました。大学のように基本的な単位を取りながら、自由に選べる教科があるもので、保健教科の展望は明るいといえます。教育庁に性人権政策担当者が配置されており、学校現場の意見等が反映されるようになり、民主的になると思います。

保健という教科のあり方について、学校現場と民間団体の連帯によってその中身が充実し、教科として確立することを期待しています。民間団体の性教育は先進的なものが多いので、保守的な学校現場が性教育を受け入れられるまでにはたくさんの議論を重ねて、お互いに理解しあう必要があるでしょう。 　　　　　　　　（艮 香織・朴 恵貞）

日本

性教育ブームとバッシングの歴史を超え
「関係性と性の健康」教育実践への希望

『みんなのほけん3・4年』

セクシュアリティの主体となれない若者

　1人ひとりがセクシュアリティの主体となり、性の健康をまもり、性的自立を遂げるためには、人権を基盤とし、他者との関係性や性の多様性に根差した性教育が不可欠です。かつて「中絶大国」と揶揄された日本の人工妊娠中絶率（15～49歳の女性1000人あたり）は、1955年の50.2から、2015年度は6.8と大きく減少したものの、女性の多くが主体的に出産しているわけではありません。「自然に任せて」妊娠したという女性が過半数（55.1%）であり（ベネッセ、2011年調査）、日本の出生数は、「授かり婚」も含め、自然に任せた妊娠に支えられているのが実情です。

　そして、日本で少子化や非婚化が進行する背景には、非正規労働者の増加など、若者が将来を展望できない経済の不透明さがあります。高度成長を終えた日本経済に今後右肩上がりの成長は望めないにもかかわらず、正規雇用者（とその配偶者）が優遇される「日本型福祉」や「日本型雇用」など、経済成長を前提とした社会システムが残っています。

　「草食化」ともいわれるように、恋愛や性行動に積極的になれない若者が全体的に増えているのは、正規雇用を求めて、恋愛より学業や就職活動を優先した結果だとの指摘もあります。さらに、全体的な消極化の一方で、性行動の低年齢化（経験年齢の低下）も進行していて、比較的早い年齢で性体験

❸『みんなのほけん3・4年』学習研究みらい、2011

をする者と全く縁のない者とに分極化しています（日本性教育協会、2011年調査）。スマートフォンの普及によって、中高生が自撮りポルノの被害者や加害者となる事例も増加しています。

　このようなセクシュアリティをめぐる問題の背景には、性教育の不十分さのほかに、対人関係スキルの未発達や自己肯定感や有用感の低さに起因した、自己や他者の性に対する否定的な感情などのさまざまな要因が考えられます。後述するように、教科書は性に関する内容について、若者自身がセクシュアリティの主体となることを想定していないかのように、核心に触れず、詳しく教えてくれません。

純潔教育から性教育へ──戦後日本の性教育史

「純潔」を基調に始まった戦後の性教育

　1970年代までの日本では、性教育といえば「純潔教育」を意味しました。一般的に純潔とは、結婚までは性交をせず（処女・童貞）、結婚後は配偶者以外との性交をしないことを指します。純潔教育は1930年代、公娼制度廃止を求める運動のなかでキリスト教関係者を中心に使用された言葉でしたが、戦後の1947年に文部省純潔教育委員会が設立され、1949年に「純潔教育基本要項」を発表するなど、戦後期に性教育の基本理念となります。

　1949年、文部省が作成した『中等学校保健計画実施要領（試案）』では、保健教育の一分野として「成熟期への到達」という、性に関する内容をまとめた単元が示されました。これに準拠して作成された中学校や高校の保健科の教科書には、大人へと成熟する時期に心身に起こる変化や、受精についての説明、純潔を保つ心がけの記述もありました。純潔教育委員会は社会教育審議会の純潔教育分科審議会へと改称され、1955年に「純潔教育の進め方（試案）」を作成し、「『成熟期への到達』を活用し、純潔教育の充実に役だてる」よう提言するなど、純潔教育の普及に努めました。

　ところが、1952年に文部省初等中等教育局は「性教育の基本は、生徒に性に関する知識を与えるというよりは（中略）興味深い経験（スポーツ、広

はんなレクリエーション活動等）を与えるようにする」という指針（「中・高生徒の性教育の根本方針（案）」）を作成します。

1956年には「中学校保健体育科のうち保健の学習の指導について」と『高等学校学習指導要領保健体育科編改訂版』が通達され、中学校と高校の保健の学習内容が改訂されます。「成熟期への到達」で示された内容は、簡略化され、分散化しました。「成熟期への到達」という単元が消滅したことにより、中学校や高校の保健科で性教育をおこなううえでの大きな足場が失われ、熱意があった教師や学校も一部には存在していたものの、全体的には1970年代前半頃まで性教育が低調な時期が続きます。

性科学を前提にした性教育研究の推進と実践者たち

低調な流れに転換のきっかけを与えたのが、1972年の財団法人日本性教育協会の設立です。生物学者の朝山新一や産婦人科医の村松博雄らを中心に、大手出版社小学館の支援を受けて設立された同財団は、当時の中央・地方の教育行政や学校現場にも大きな影響を与える性教育研究の中心的存在となります。性科学（セクソロジー）を前提にした性教育研究の推進を図るとともに、地方教育行政の作成する手引きや学校現場でも、それまでの「純潔教育」から「性教育」という呼称に変更されていきました。

1972年には文部省社会教育局が、純潔教育と性教育は「目的および内容が異なるものではない」との見解を示し、1973年から使用される高校の保健体育科教科書には、受胎調節（避妊）について記載されました。

さらに、性教育専門出版社アーニ出版（1969年設立）の北沢杏子、"人間と性"教育研究協議会（1982年設立）の山本直英や村瀬幸浩、全国性教育研究団体連絡協議会（1981年設立）の田能村祐麒などの実践者たちが、日本性教育協会の活動から知見を得ながら、それぞれの活動を発展させていきました。1970年代のウーマンリブの高まりも関連し、1970年代から80年代にかけて、科学と人権にもとづく性教育への進展が目指されました。

1980年代後半のエイズパニックから性教育ブームへ

　大部分の人が小学校から性に関する事項を学ぶ時代が日本に到来します。これを後押ししたのは、1980年代後半に日本を襲ったエイズ問題でした。"うつると死に至る病"という当時のHIV／エイズに対するイメージと、男性同性愛者の病気という誤解、血液製剤により多数の血友病患者がHIVに感染することになった薬害エイズ事件などを経て、性感染症を防ぐためにも性教育は不可欠という認識が広まっていきました。

　1989年の小学校学習指導要領改訂（1992年度施行）によって、小学校5年生の理科で、人間は「男女によって体のつくりなどに特徴があること」や「母体内で成長して生まれること」を学ぶことになり、それまで存在しなかった小学校の保健の5・6年生用教科書が誕生します。当時の新聞は「性教育 小5から」（『毎日新聞』大阪版1989年6月19日夕刊）などと報じ、小学校から本格的に性教育がおこなわれることから、1992年は「性教育元年」とも呼ばれました。この前後には、各地の教育委員会が手引きや指導書を作成し、出版社は教員向けの解説書や児童生徒向けの副読本を発刊、教育現場ではさかんに性教育の研究授業がおこなわれ、まさに性教育ブームといえる活況でした。

　この頃から着目され始めた概念に「性的自立」や「性的権利（セクシュアルライツ）」があります。子どもには性的権利のひとつとして性教育を受ける権利があり、子どもを性的自立へと導くことが性教育の主要な目的のひとつであるという考えです。子どもの性的自立を追求する性教育は、性にまつわる問題が発生した場合に対症療法のようにおこなう性教育や、子どもたちの性的逸脱、性的問題行動を回避することを主な目的とする性教育とは一線を画します。子どもが自らのからだの主人公となり、性的な自立ができるように、性器をどのような名称で教えるか、性交を扱うか、扱う場合はいつどのように教えるか、避妊はどう教えるのか等々、教師たちは論議を重ね、実践を積み上げていきました。

　エイズ問題をきっかけにして性教育が進んだとはいえ、HIVの感染経路について子どもたちが正確に学ぶためには、教師は「性的接触」について教え

子どもが自らのからだの主人公になれるようにと、議論と実践を重ねて作られた副読本『ひとりで、ふたりで、みんなと』では、生物としての面とふれあいとしての両面から性交が記述されていた

なければなりません。しかし、教科書には性交についての記述がありません。その不十分さを補う副読本として、当時、小学校現場に普及していたのが山本直英監修『ひとりで、ふたりで、みんなと』（東京書籍、1991年）❶でした。同書は小学校4〜6年生を対象に、地球上のあらゆる生物と共生している人間の歴史から始まり、多くの人々との出会いと協力によって、1人ひとりの「性と生」が成り立っていることを学べるようになっていて、子どもが最も関心をもつ性交についても、生物としての生理的な側面と、ふれ合いとしての心理的側面の両面から取り上げていました。

　また、各地の教育委員会が作成した「性教育の手引き」類の中には、小学校の低・中学年から性器の名称を「ペニス」「ワギナ」と示しているものや、小・中学校で「性交」を扱う授業例もありました（例えば千葉県1988年、東京都1988年・1996年、長野県1990年、京都市2002年、など多数）。教師や学校によっては、これらも含めてさまざまな教材を使って、子どもたちの疑問に真摯に向き合うような性教育実践を進めていました。

　文部省も、1999年に『学校における性教育の考え方、進め方』を刊行するなど、性教育を推進する立場にありました。現在のところ、同書は文部省が発刊した手引書に「性教育」という言葉を使用した唯一の事例であり、これ以後、文部科学省は性教育に特化した手引書を発刊していません。

❶『ひとりで、ふたりで、みんなと』山本直英監修、東京書籍、1991、p.13

教育現場への介入と「性教育バッシング」

　子どもや保護者の要請を受けて工夫されてきた性教育実践は、「過激性教育」の名のもとでの一部保守派による性教育バッシング（攻撃）によって、委縮、停滞、後退を余儀なくされます。

　2002年前後から国会や議会を舞台に始まった攻撃は、教育現場に直接介入し、具体的な影響を与えるものでした。象徴的であったのが、2003年7月に始まった東京都立七生養護学校（現・七生特別支援学校）の性教育実践への攻撃です。性教育から遠ざけられがちであった知的障害のある子どもたちに、自身のからだとこころに向き合い、他者とのかかわりを学びあう時間として積み重ねられてきた同校の性教育実践を、突如、一部の東京都議会議員が批判し、教員たちは処分を受けました。2005年5月、同校保護者・元同校教員は、バッシングを主導した都議らを被告として東京地方裁判所に提訴。2009年3月、東京地裁は都議3名と東京都に賠償を命じ、2011年9月の東京高裁判決はこれを支持、2013年11月の最高裁判所による上告棄却を経て、教員らの実質的な勝訴が確定しました。

　一方、東京都教育委員会はバッシング派の主張を正当化するかのように、七生養護学校への介入後の2004年に『性教育の手引き』を改訂しましたが、同書は学習指導要領や児童・生徒の発達段階等を踏まえない性教育はおこなわないようにという趣旨のものでした。巻末の資料編にあるＱ＆Ａでは、小学校1～3年ではペニス、ワギナという名称を教えることは不適切、小・中・高いずれの学習指導要領にも「性交」は示されておらず、子どもに理解させることは困難、中学校の保健の学習指導要領ではコンドームの装着の仕方を取り扱わないことなどが強調されました。

　この手引きの影響は大きく、その後、他の自治体の「性教育の手引き」類でも、この手引きとほぼ同様の「Ｑ＆Ａ」を掲載するものが続出しました（例えば、福岡県2005年、札幌市2006年、鳥取県2006年、愛媛県2007年、青森県2007年、群馬県2007年、など）。

　また、2005年12月、文部科学省は2004年度における都道府県・市区町村教育委員会の性教育の手引き配布状況や、公立義務教育諸学校の性教育の取

り組み状況を調査した、「性教育についての実態調査」を発表しました。この調査で判明したのは、学校での性教育への保護者によるクレームはほとんどなく、あったとしても多くが学校レベルで解決されており、「過激性教育」が蔓延していると危機を煽ったバッシング派の主張とはかけ離れた結果でした。

　七生養護学校の裁判では、最終的に教員らが勝訴しましたが、東京地裁が「いったん、性教育の内容が不適切であるとして教員に対する制裁的取扱いがされれば、それらの教員を委縮させ、創意工夫による教育実践の開発がされなくなり、性教育の発展が阻害されることにもなりかねない」と警告したとおり、性教育バッシングはその後の性教育実践に大きな影を落とすことになります。

「触れないこと」がたくさんある教科書

文部科学省の意向が強く反映される教科書の制度

　日本の小学校・中学校・高等学校・特別支援学校では、文部科学省が制定した学習指導要領にもとづいて教科書が作成されます。教科書には、文部科学省による検定があり、検定に合格した教科書のみが採択の対象となります。採択の権限は、公立の学校の場合、その学校を設置する教育委員会、国立や私立の学校の場合は学校長にあります。

参照した教科書等（タイトル　出版元）
❶ひとりで、ふたりで、みんなと　山本直英監修　東京書籍　1991
❷新・みんなのほけん３・４年　学習研究社　2005
❸みんなのほけん３・４年　学研教育みらい　2011
❹たのしい理科５年-１　大日本図書　2011
❺新しい保健５・６年　東京書籍　2011
❻中学保健体育　学研教育みらい　2012
❼現代高等保健体育　大修館書店　2013
❽家庭基礎　自立・共生・創造　東京書籍　2013

また、各教科の教科書を子どもが1人1冊ずつ自分のものとして所有して使用するということも、日本の教科書の特徴的な点でしょう。そのため、検定がなく、子ども各自の所有を前提としない国の分厚い教科書と比べるとページ数も少なく、内容が貧弱であるという印象は否めません。

　さらに日本では、学習指導要領にもとづいた教科書が作成されるため、教科書における性教育の内容も、文部科学省（かつては文部省）の意向が強く反映されるものとなります。それは「性教育バッシング」以後の教科書にもあらわれています。

日陰の存在に押しもどされた性器の名称

　日本語ではペニスは「陰茎」、クリトリスは「陰核」、性毛は「陰毛」とも呼ばれるように、「陰」という語が使用されます。人間のセクシュアリティをネガティブなイメージなしにとらえようとするならば、「陰」ではなく、より中立的な用語で性器を呼んだほうがよいという発想から、性教育元年前後の性教育実践では、男の子の性器を「ペニス」、女の子の性器を「ワギナ」と外来語で呼ぶことが提唱されていました。

　これを背景に、小学校の保健の教科書には「ペニス」「ワギナ」と性器の外来語が記載されていきます。1996年度に学研、2000年度に東京書籍、2002年度に大日本図書と、各社の教科書が「いんけい（ペニス）」「ちつ（ワギナ）」と日本語と外来語の併記で性器の名称を記載しました。中学校の保健体育科でも2002年度には全3社の教科書が外来語名称を記載しました。

　しかし、性教育バッシングにおいて、この性器の外来語名称が批判の対象となりました。2005年度版の小学校保健教科書で、全5社が、「ペニス」「ワギナ」の名称を入れた教科書を作成し検定に臨みましたが、教科書検定で、「学術用語でないため不適切」という検定意見がつき、全社が「ペニス」「ワギナ」を削除しました。すると、これに追随し、2006年度以降の中学校の保健体育科教科書や、2007年度以降の高校の保健体育科教科書でも、外来語表記がなくなりました。

体操服を着た「大人に近づく体」

　性器の外来語名称がなくなっただけではありません。教科書によっては内容も簡素になっています。例えば、学研の小学校保健教科書3・4年生用の2005年度版❷と2011年度版❸を比べると、2005年度版の「おとなに近づく体」の単元では男女の裸のイラストがあり、成長によって胸や性毛などのからだが変化していくことが図で理解できるようになっていました。ところが、2011年度版の「大人に近づく体」の単元では、Tシャツとハーフパンツを着たイラストに変更されました。服を着ているため、体の変化のようすはわかりにくくなっています。

　また、月経についての説明も、2005年度版は月経に周期性があることが理解しやすいような図が掲載されていたのに対し、2011年度版にはこの図がなく、月経サイクルを子どもに理解させなくてもよいという意図が感じられます。射精のしくみについても、2005年度版では、立体的な図で、「射精のとき、いんけいはかたくなり、上を向きます」という説明があったのに対し、2011年度版では、正面からの断面図で、2005年度版にあった説明はありません。

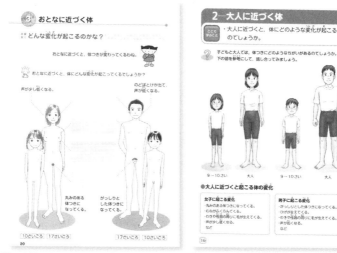

思春期の身体の変化を取り上げるページは、2005年度版では裸だった小学生・成年の男女のイラストが、2011年度版では体操服のような衣服を身につけたものに変更されている。「下の図を参考にして話し合ってみましょう」と指示があるが、図から読み取れる変化は限られてしまう

❷『新・みんなのほけん3・4年』学習研究社、2005、p.20
❸『みんなのほけん3・4年』学研教育みらい、2011、p.16

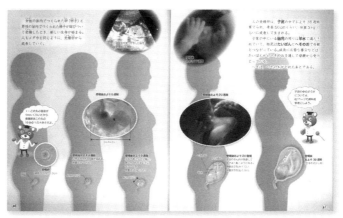

小学校学習指導要領には「受精に至る過程は取り扱わない」という「はどめ規定」があるために、どうやって受精するのか説明することができない

どうやって受精するのかを説明できない「はどめ規定」

　現在の学習指導要領では、「受精に至る過程は取り扱わない」（小学5年理科）、「妊娠や出産が可能となるような成熟が始まるという観点から、受精・妊娠を取り扱うものとし、妊娠の経過は取り扱わない」（中学校1年保健体育科）という制約、いわゆる「はどめ規定」が設けられています。

　このため、小学校5年生の理科で、教師は性交について扱うことができません。例えば、大日本図書『たのしい理科』（2011年）❹の5年生の「人のたんじょう」の小単元では、「女性の体内で作られた卵（卵子）と男性の体内で作られた精子が結びついて受精したとき、新しい生命が始まる」という説明とともに、受精後、胎児が成長していく様子がイラストで紹介されています。ところが、男性の体内で作られたはずの精子がなぜ／どのようにして、女性の体内の卵子と結びついたかについては触れられていません。子どもたちは、どこからともなくやってきた精子と卵子が、突如結合して受精卵となり、母体内で成長していく様子を学習することになります。

　子どもたちは4年生で初経や精通について学習しているので、この受精の過程について疑問をもち、なかには、教師に質問する子どももいます。子どもの理解力によって答え方は変わりますが、直接届けることを理解すれ

❹『たのしい理科5年-1』大日本図書、2011、p.60-61

ば、多くの子どもは納得します。しかし、はどめ規定のために、そのような質問に教師は正面から答えることができません。

小学校の保健教科書でのエイズ学習は資料の扱い

「性教育ブーム」の頃、性教育の大きな柱として、小学校でさかんにおこなわれたHIV／エイズの学習は、2011年度の教科書から「資料」という、授業で必ずしも扱う必要のない位置づけに変更されました。例えば、東京書籍『新しい保健5・6年』（2011年）❺では、「病気の予防」の単元のうち、「感染症の予防」の小単元で、「HIVに感染すると、からだのていこう力が弱くなり、からだに入ってきた病原体に打ち勝つことができず、いろいろな病気にかかりやすくなります」と説明されていますが、資料という扱いです。

これは、現在の『小学校学習指導要領』（2011年度施行）で、「病気の予防」の単元に、地域の保健所や保健センターなどについて学ぶ「地域の様々な保健活動の取組」という、従来はなかった学習内容が増え、授業の1時間がエイズから地域の保健活動の学習に振り替わったからです。

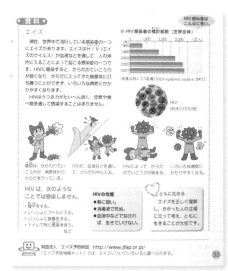

HIV／エイズについて、2011年度の教科書では補足的な資料の扱いになった。しかし、日本は新規感染者が2010年代になっても1000人以上もの高水準を保っている。HIVをはじめとする性感染症への自覚を高める必要がある

中1で学ぶ「生殖にかかわる機能」と「適切な行動」

現在の中学校1年生の保健体育科では、「生殖にかかわる機能が成熟すること」や「成熟に伴う変化に対応した適切な行動」について学びます。

学研『中学保健体育』（2012年）❻では、「心身の発達と心の健康」の単元に、「性機能の成熟」と「性とどう向き合うか」の小単元があり、女子の排

卵と月経のしくみ、男子の射精のしくみ、受精と妊娠についての解説があり、思春期に、性のことや異性への関心が高まったり、性的欲求が強くなったり、特定の人と親しく交際したいといった、友情とは違う感情がうまれてくるなど、性意識が変化することが説明されています。この教科書には、月経や射精について中学生が抱きがちな質問についてのQ&Aが掲載されています。

保健体育の教科書で、思春期の心身の変化について、中学生が抱きがちな質問についての回答が載っている。現実にはもっと多様な疑問や質問、悩みがあることだろう

中学校では「性交」は不可だが「性的接触」は可

『中学保健体育』❻の３年生の単元「健康な生活と病気の予防」には、「性感染症とその予防／エイズ」という小単元があります。ここでは、「性感染症とは、性的接触によって感染する病気のことです」との説明に始まり、性感染症の病原体名、潜伏期間、症状・特徴、治療について解説する表が掲げられています。なかでも、性器クラミジア感染症は、近年、「特に若い世代で感染率が高いことが問題となっています」と説明されています。

このように中学校の保健体育科の教科書では、セックスに相当する用語として、「性交」ではなく、「性的接触」という語が使われています。「性交」と「性的接触」の違いを強調すれば、「性交」は男女間のペニスとワギナによる性交（PV性交）だけを意味する場合があるのに対し、「性的接触」は、PV性交・口腔性交・肛門性交など性器を通した他者との接触、キスやペッティングなども含め、性感染症の感染の機会となりうる粘膜と粘膜の接触を伴う行為を全般的に指します。その意味では、「性的接触」のほうが、語義が広く内容も高度な言葉です。

ところが、教科書検定の結果、「性交」が「性的接触」に修正された例があります。中学校保健体育科の2006年度用教科書の検定では、学研と大日

本図書がそれぞれ「性交」という用語を入れて検定に臨みましたが、「心身の発達段階に適応しておらず程度が高過ぎる」という検定意見がつき、「性的接触」に修正されました。「性交」という用語は中学生の発達段階に適していないが、（語義がより高度なはずの）「性的接触」ならばOKというのが、この時の文部科学省の立場です。

「コンドームは有効」は教えなければならないが……

　また、現在の『中学校学習指導要領解説保健体育科編』には、性感染症の予防について「性的接触をしないこと、コンドームを使うことなどが有効であることにも触れるようにする」と示されています。そのため、性的接触を避けることやコンドームの有効性について、中学校保健体育科の全社の教科書が触れています。ただ、「性的接触」がそもそも何を意味するのか、教科書では説明されていませんし、学習指導要領は「受精に至る過程（小５）」や「妊娠の経過（中１）」を教えることを規制しています。授業以外で「性的接触」について知る機会がなかった生徒は、性的接触を避けるといわれても意味がわからないでしょう。

　また、中学校の学習指導要領には「避妊」について何も示されておらず、コンドームをどのような場合に、どのように使うのかといった、正しく使用するための情報は、教科書には書かれていません。そのため、教師は"事情があって詳しくはいえないがコンドームというものがあって、それを正しく使うことができれば性感染症を予防することができるかもしれない……"というようなわかりにくい説明を生徒にせざるを得ません。

性教育のメイン教科となっている高校「保健科」

　小学校や中学校の教科書に比べれば、バッシングを経ても大きく変わらなかったのが高校の保健体育科の教科書です。例えば、大修館『現代高等保健体育』（2013年）❼の「現代社会と健康」の単元では、14番目の小単元に「性感染症・エイズとその予防」があります。この小単元では、クラミジア感染症が若年層で多くなっていることや、世界の先進諸国の動向と異なり日

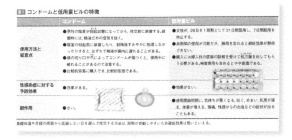

高校の保健体育の教科書では、「家族計画と人工妊娠中絶」の小単元で、コンドームと低用量ピルの使用法と留意点、副作用、性感染症に対する予防効果が掲載されている

本ではエイズが現在でも広がり続けていることなどが解説されています。この単元は多くの高校が1年生で教えているので、中学校3年→高校1年と2年連続で、性感染症とエイズについて学ぶ子どもが多くいます。また、2年生で履修することが多い「生涯を通じる健康」という単元には、性教育に関連する小単元が「思春期と健康」「性意識と性行動の選択」「結婚生活と健康」「妊娠・出産と健康」「家族計画と人工妊娠中絶」と連続して5つ配置されています。

このうち、「性意識と性行動の選択」の小単元では、デート経験率や性的関心をもったことがある割合の年齢変化から、性意識に個人差と男女差があることが説明され、異性に対して「相手の生き方や将来の希望など、相手の人格と立場を尊重してとらえることが大切」と説かれています。さらには、セクシュアル・ハラスメントや、側注にストーカー行為の説明があります。

また、「家族計画と人工妊娠中絶」の小単元では、避妊方法として、コンドームは「男性の陰茎が勃起状態になってから、性交前に装着する」、低用量ピルは「女性が28日を1周期として21日間服用し、7日間服用を休止する」と使用方法が説明されています。ただし、現在の『高等学校学習指導要領』（2013年施行）にも、「生殖に関する機能については、必要に応じ関連付けて扱う程度とする」という「はどめ規定」が設けられています。これに従う限り、教師は生殖に関する機能に関して詳細な説明はできませんし、この教科書の説明を読んだだけでは、生徒たちがパートナーとの関係性について学ぶことも避妊のスキルを獲得することも難しいでしょう。

❼『現代高等保健体育』大修館書店、2013、p.72

人間の生殖をほとんど学ばない中学・高校の「生物」

　理科、なかでも生物が性教育の核となっている国々の教科書と比べると、日本の生物の教科書は別の意味で特徴的です。日本の生物教育では、小学校5年生の理科を除き、中学校も含め、高校でも、人間の生殖についてほとんど扱いません。

　現在、日本の高校の生物には、「生物基礎」と「生物」の2科目がありますが、「生物基礎」は必修選択の1科目、「生物」は「生物基礎」を履修した生徒がさらに発展的に学ぶ科目です。そのため、「生物基礎」も「生物」も履修しなくても、高校を卒業することは可能です。

　かつて、戦後直後の生物の教科書には結婚や性病の記述があったり、1994年度から2002年度に設置されていた「生物ⅠA」という科目には、人間の生殖を扱う単元が置かれたりしたこともありましたが、現在の「生物基礎」には、生殖について、人間に特化した記述はほぼなく、遺伝や減数分裂など、人間以外の生物と共通する事項が取り上げられています。「生物」の教科書でも、いくつかが資料や参考の扱いで、ほんの1、2ページだけ人間の生殖について掲載しているのみです。日本の生物の教科書は、人間の生殖について教えることを意図的に避けているかのように思えるほどです。

性的自立を扱う高校の「家庭科」

　理科や保健体育科での性教育の不十分さをカバーする可能性を秘めている教科が、家庭科です。高校の家庭科では、すべての教科書にではありませんが、「人の一生と家族・家庭（及び福祉）」の分野で、「性的自立」に関連する記載があります。

　例えば、東京書籍『家庭基礎　自立・共生・創造』（2013年）❽の「青年期の課題」という単元の「自立について考える」の節では、自立には、「生活的自立、経済的自立、精神的自立、社会的自立、性的自立などの側面がある」と5つの自立をあげ、そのうち性的自立は「自分の性だけでなく他者の性を尊重した、責任ある行動が取れること」と説明されています。「性的に成熟することは子どもをつくる能力が備わり、命への責任が問われること

高校の家庭科では、「青年期の課題」という単元で、自立のひとつの側面として性的自立が扱われている。性的自立のために、どのような価値観や態度、スキルを育てていくか、創造的な授業の可能性がある

でもある。性交すれば妊娠する可能性があることを十分に自覚しよう」と説かれています。また、「人生をつくる」の小単元では、近年、男女ともに平均初婚年齢が上昇している中で、多様なライフスタイルがあることが解説されています。

LGBTなどの多様な性が登場

　文部科学省は2015年に「性同一性障害に係る児童生徒に対するきめ細かな対応の実施等について」という通達を出し、2016年に『性同一性障害や性的指向・性自認に係る、児童生徒に対するきめ細かな対応等の実施について（教職員向け）』というパンフレットを作成するなど、性的マイノリティの子どもへの関心を促しています。この動向をいち早く取り入れているのも高校の家庭科教科書です。

　2017年度から使用されている2社（開隆堂、東京書籍）の高校家庭科の教科書には「LGBT」という用語が記載されています。家庭科のほかにも、2018年から使用される清水書院の政治・経済、帝国書院の世界史B、増進

堂の英語コミュニケーションⅡの教科書にもLGBTの語が記載されるなど、性の多様性に触れる教科書が増えています。教科書全体から見ればわずかであるものの、これらの記述をきっかけに、性の多様性に根差した性教育が広がっていくことが期待できます。

学習指導要領は大綱、子どもの現実から授業を創ることは可能

　日本の理科や保健体育の教科書や学習指導要領には、性に関する教育はなるべく具体的に扱わないという姿勢がよく現れています。性教育によって青少年の性行動が早まるのではないかという、いわゆる「寝た子を起こさない」態度とどう対峙するのかは、性教育を実践する上での全世界的な課題ですが、これにひとつの結論を与えたのが国連教育科学文化機関（ユネスコ）です。

　ユネスコの研究では、包括的性教育が青少年のセックスデビューを早めているという証拠が見つからなかったばかりか、セックスデビューを遅らせ、初体験後であっても、頻繁な性的接触を招くことはなく、性的パートナーの数も増加させなかったことが明らかにされています。

　もちろん、日本の性教育がこれと同様の影響を与えることができるかどうかは慎重に検証しなければならないところです。性教育を真摯に実践する教員たちが、性教育が子どもたちの性的自立を促すことに確信をもっているにもかかわらず、性教育と青少年の性行動との関連を明らかにする機会を「はどめ規定」は奪っています。人間と人間との関係性、性的指向やジェンダーアイデンティティの違いの尊重、あらゆる人がセクシュアリティの表現方法について寛容さと敬意をもつことなど、日本の子どもたちには、性教育をとおして、自分自身のからだやこころと向き合い、他者との関係性を豊かにするための時間がもっともっと必要です。

　とはいえ、日本でも、工夫次第で充実した性教育を子どもたちに届けることは可能です。というのも、七生養護学校の性教育裁判を通じて確認された

ことは、そもそも学習指導要領はおおよその教育内容を定めた大綱的基準であって、学習指導要領に記載されていない内容を子どもに教えることがただちに違法とはならないということでした。これに従えば、例えば、特別活動や総合的な学習の時間を性教育の核の時間とし、保健体育科、理科、家庭科、社会科（公民科）などで基本事項や関連事項を教えつつ、特別活動や総合的な学習の時間の目的に沿うようにカリキュラム化することによって、理科や保健体育科の「はどめ規定」にとらわれない、充実した性教育を構築することもできるのです。

　2002年から総合的な学習の時間が日本の学校教育に導入された際は、健康教育の一環として性教育を柱とする学校がいくつもありました。現在でも、特別活動における人権教育や総合的な学習の時間における課題解決型学習、コミュニケーション能力の育成といった課題と融合させながら、独自の性教育実践を積み重ねている学校がいくつも存在します。その意味では、子どもが大人になる過程において、性的自立を促し性的人権を保障するためには性教育が必須だという理念は、連綿として引き継がれているのです。

（茂木輝順）

参考文献
ベネッセ次世代育成研究所企画・制作『妊娠出産子育て基本調査報告書　第2回（妊娠期から2歳までの子どもを持つ夫婦を対象に）』ベネッセコーポレーション、2013年
財団法人日本児童教育振興財団内日本性教育協会編『「若者の性」白書　第7回青少年の性行動全国調査報告』小学館、2013年
ユネスコ編『国際セクシュアリティ教育ガイダンス――教育・福祉・医療・保健現場で活かすために』浅井春夫・艮香織・田代美江子・渡辺大輔訳、明石書店、2017年

性教育は人間が好きになる学び

　聴覚・視覚・触覚過敏を抱えた自閉症のミホさん。同じ課題を抱え、苦しさから他害や自傷の目立つ仲間たちと一緒にお風呂の授業をした。お風呂から出たあとはマッサージ。いつも神経をピリピリさせている彼らにとって、からだもこころもゆったり身を委ねることもとても大事な学び。教室に戻る時、ミホさんが私の顔を覗き込んで「ヒグもねッ！　ケイちゃんもねッ！」と言ってきた。一瞬「なに？」と思ったが「ヒグ（私のこと）もケイちゃん（感覚過敏のある友達）もミホさんも、気持ちよかったよね！」と返すと、満足そうにうなずいた。つたない言葉で精いっぱい、自分も人も傷つけない気持ちよい時間を過ごしたことを伝えたかったのだと思う。

　「セックス！」と、大きな声で繰り返し、黒板いっぱいに「おっぱい」を描き続けるサトシさん。よく話はするし理解力もある。しかし過酷な育ちのなかで人とのかかわりに難しさを抱えている。否定をしないことを基本に粘り強く性教育に取り組み、1年後。サトシさんは「セックスってさ、なに？　ほんとのこと教えてくれよ」とまじめな顔で言ってきた。その後「セックス」も「おっぱい」も影をひそめていった。

　リョウタさんとメグさんは顔を合わせるとケンカ、言葉も激しく、乱闘騒ぎになることも。からだとこころの変化を振り返る学習で小さいころの写真を持ちよった時、思わずメグさんの口から「リョウタ可愛い！」。リョウタは「そうかな」。なんともくすぐったいような嬉しそうな顔。教室内にやわらかい空気が流れていった。

青年たちとの学習の一場面

　いずれも、忘れられないシーン。思わず笑みがこぼれてしまう。自分の感覚や思いに向き合い、人とのかかわりを意識化していく……すぐに変わるとかでなくても一瞬一瞬がいとおしい。その積み重ねのなかで、私自身も含め、みんなが変わっていった。
　性を学ぶなかで子ども同士、大人と子どもの関係が深まる。性教育は人間理解、自分理解。1人ひとりの存在そのものへの応援歌。
　定年退職し9年、今も高等部を卒業した青年たちと性教育の授業を続けている。青年たちと学び合うことでまた新たな感覚と出会う。「性教育」は深いなと思う。おもしろくてやめられそうもない！
　　　　　　　（日暮かをる　元東京都障害児学校教員・
　　　「七生養護こころとからだの学習」裁判原告団団長）

注…登場人物はすべて仮名です。

まとめと提言

子ども・若者たちに科学と人権、平等な関係性にもとづいた性教育を！

　本書では、日本を含めた世界の国々における性教育の内容を、教科書を中心に検討してきました。そこで明らかになったのは、どのようなことでしょうか。また、日本の性教育を豊かなものにするために、どのような示唆がそこから得られるでしょうか。そのうえで、日本の子ども・若者たちに「性の健康と権利」としての性教育を豊かに保障するために、いったいどのようなことが必要で可能なのかを考えてみましょう。

1 『ガイダンス』と『スタンダード』をつねに視野に入れる

　本書で紹介した国々では、ユネスコの『国際セクシュアリティ教育ガイダンス』（以下『ガイダンス』）や『ヨーロッパにおけるセクシュアリティ教育スタンダード』（以下『スタンダード』）を参考にしながら、性教育に積極的に取り組んでいます。ではこの2つの文書の特徴はどういうところにあり、なぜ重要なのでしょうか。

　第1は、この2つの文書がともに、子ども・若者の性と生殖の健康をめぐるさまざまな問題状況（例えば、HIVその他の性感染症の増大、10代の望まない妊娠、成人男性からのものだけではなく、恋人間での性虐待や性暴力、インターネットや携帯のポルノ化やセクスティング、性的マイノリティに対する差別など）に真正面から取り組んでいることです。『ガイダンス』は、子どもを、

先に述べたような問題状況のなかに放置するのか、それとも「そのかわりに尊重と人権という普遍的な価値にもとづいた、明確で十分な情報のある、科学にもとづいたセクシュアリティ教育を提供するという挑戦に立ち向かわせるのか」を私たちに問うています。

　第2に、セクシュアリティが広くとらえられています。セクシュアリティは、生理的・生物学的側面に限られません。むしろ、セクシュアリティは①生涯にわたる人間の生の基本的側面であり、身体的、心理学的、精神的、社会的、経済的、政治的および文化的な次元をもち、②ジェンダーと関連づけられたものであり、③多様性をその基本的な特徴としているのです。セクシュアリティがこのように広いからこそ、性教育もまた、「包括的なセクシュアリティ教育」（『ガイダンス』）あるいは「全体的（ホリスティック）なセクシュアリティ教育」（『スタンダード』）であることが求められるのです。

　第3に、①性の権利を含めた人権、②ジェンダーの平等、③子ども・若者の授業へのアクティブな参加、④性的マイノリティや家族の多様性の承認、⑤年齢と発達に適切なアプローチ、が重視されています。これらの視点にもとづいて、学習の柱は、①性と生殖に関する人間の発達、②友達、家族、恋人などの人間関係、③セクシュアリティと文化、社会、人権、④性と生殖の健康などから構成されています。セクシュアリティ教育は、これらのテーマの学習を介して、最終的には、子ども・若者に正確な情報と知識を提供し、彼らがセクシュアリティに関する価値や態度を探究したり、自己決定しコミュニケーションをとり、さまざまなリスクを減らすスキルを身につける機会を提供することを目指しています。その際、学校は、子どもが比較的長い時間を過ごし、子ども、親、家族、コミュニティを健康サービスなどの他のサービスと結びつけることのできる社会的サポートセンターの役割をもつという点で、セクシュアリティ教育において、重要な位置を占めています。

　このように、セクシュアリティ教育は、子ども・若者の性と生殖をめぐる問題状況から出発して、性と生殖の健康と善き生活（ウェルビーイング）を彼らに保障しようとしているのです。こうした性教育の到達点を、私たちは

つねに視野に入れておく必要があるでしょう。

2　学校教育の重要なテーマ領域としての性教育

　本書で紹介した国々を含め、多くの国では性教育は国のカリキュラムのなかに、教科としてではなく教育の重要な横断的なテーマ領域として位置づけられ、必修とされています（もちろん、カリキュラムといってもそれはあくまでガイダンスであり大綱的なものです）。性教育は学校教育の中にきちんと位置づけられ、義務づけられているのです。しかも横断的な領域ですから、性教育は、生物や保健といった重点的な教科や焦点化する学年はあるにしても、特定の教科にも特定の学年にも限定されずに、むしろ低学年から複数の教科で系統的におこなうように計画されています。

　加えて、ヨーロッパの多くの国々では、教科書制度は自由で検定制度がありませんし、教員の教育の自由も保障されています。教員は同僚と相談して出版社や民間の団体が発行する教科書や教材を選び、それを用いて自由にのびのびと性教育をおこなうことができます。

3　性教育の目的と性教育の内容

　本書で紹介した国々では、性教育はほぼ共通して、①性と生殖の健康と安全、②ジェンダー平等と性の多様性の承認にもとづいた平等な人間関係、③さまざまな場面で意志決定できる能力の形成と性の権利の保障を目指しています。また、それに応じて、性教育の内容も、①思春期における心身の変化、②月経と射精のしくみ、③妊娠・出産、胎児の発育と成長、避妊、④性感染症とHIV/AIDS、⑤性的アイデンティティ、性的指向を含めた性の多様性、⑥性虐待・性暴力のない人間関係づくりなどとなっています。

　ここではセクシュアリティの生理学的・生物学的側面だけにとどまらず、セクシュアリティの社会的・文化的側面も視野に入れて、子ども・若者の性と生殖の健康を保障するための基本的な情報・知識に加え、多様性の承認に

もとづいた、相互に尊重しあう平等な人間関係づくりが目指されているといえます。しかも、教科書は子ども・若者が直面する具体的な性の問題にも応えられるような内容になっています。

4 性教育で果たす民間団体の重要な役割

　もうひとつ特徴的なことは、各国では、家族計画センターなど性に関わる民間団体が、性教育において重要な役割を果たしていることです。その役割は、大きく3つに分けられます。

　1つ目の役割は、子どもたちの性に関する疑問や相談にのり、無料の避妊具を提供したり、実際のスキル習得もかねたワークショップを実施するなど、子どもたちの状況に即した性教育をおこなうことです。中には診察と治療をおこなっている場合もあります。

　2つ目の役割は、親や教員の性教育を情報面でサポートすることです。性教育のアドバイスや情報を親や教員に提供したり、性教育をするうえで必要なガイダンスや教材を開発・作成したりして、彼らが性教育を進めやすいように協力しています。親や教員はこれらの教材を用いて、安心して性教育ができるのです。また、性教育を担う教員の研修をおこなっています。性教育を担う専門的な教員はいませんし、日本を含めて各国の大学の教員養成学部でも、性教育に関する講座も性教育に関する授業もきわめて少ないのが現状です。そのため、民間団体での性教育の研修は、日本でも外国でもとても重要なのです。

　3つ目に、学校と連携し、学校における性教育を実践的にサポートしています。民間団体の職員が学校に出かけて出前授業をしたり、学校で生徒の相談に応じたりしています。

5 文部科学省の消極的な対応と国際機関の勧告

　日本の性教育は、特に2000年以降のジェンダーバッシングと性教育バッシングもあって、この間の国際的な性教育の進展から大きく取り残されることになりました。

●文部科学省の消極的な対応
　はじめて本格的に性教育についての方針が示されたのは、20世紀も終わろうとする1999年のことでした。その時に出された文部省『性教育の進め方、考え方』（以下『進め方』）は、1994年の第3回国際人口開発会議の「行動計画」における「生殖の健康と権利」をふまえており、当時としては画期的なものでした。しかし、そこでの性教育は、おとなの期待する「健全な人格形成」を目指すものであり、子どもの「自主的な意志決定」を育てる視点が欠落し、男女特性論や性役割論など「ジェンダーに呪縛された」ものでした。

　この時点で、すでに大幅な遅れをとっていましたが、この文書が出されて間もなくの性教育バッシングによって、この『進め方』は有効に使われることがほとんどありませんでした。むしろ、学校で性教育に取り組むことはタブーとなり、教科書の内容も後退したのです。

　文部科学省（以下、文科省）は現在にいたっても、『ガイダンス』などの国際的動向を意図的に無視し、現代の課題にそくした性教育の方針を示すこともなく、『進め方』の改訂もしていません。

　中教審教育課程部会内の「健やかな体を育む教育の在り方に関する専門部会」における、性教育に関する審議のまとめ文書では、①保護者や地域の理解を十分に得ること、②教職員の共通理解を図り、児童生徒の発達段階（受容能力）を十分考慮すること、③集団指導の内容と個別指導の内容の区別を明確にすること、が留意点としてあげられています。

　これらのポイントは重要に見えます。しかし、この中で性教育バッシング

をする側と文科省がもっぱら強調したのは、「児童生徒の発達段階を十分考慮すること」だけであり、この原則は、性教育を抑制する論理にすりかえられてしまいました。その根底には、「性教育をすると子どもたちは性に走る」といった子どもへの不信感があり、それはまさに、バッシング側の貧困なセクシュアリティ観、誤った性教育観をあらわすものでした。

　例えば、先の専門部会の審議まとめの文書で「概ね意見の一致を見た」内容は、①「子どもたちは社会的責任を十分にはとれない存在であり」「性感染症等を防ぐ」という観点から、「子どもたちの性行為については適切ではないという基本的スタンス」で指導内容を検討していくこと、②性教育は「人間関係についての理解やコミュニケーション能力を前提と」したうえでおこない、「安易に具体的な避妊方法の指導等に走るべきではない」ことなどでした。つまり、子どもの性行為や避妊は扱わないとしたのです。ここには「セクシュアリティは人間の基本的な生の局面である」という視点や、子どもの性と生殖の健康と権利を保障するといった視点は見られません。

　その一方では、少子化対策と称した自治体での婚活や政府の不妊治療対策（妊活）の重視などに見られるように、性の問題が結婚＝生殖に矮小化されてしまう危険性があります。少子化の背景にある諸問題――結婚を考えられないような不安定な非正規雇用者（ワーキングプア）の増大、育児休業制度をまともにとることを許さない劣悪で競争主義的な労働環境、男女差別賃金、産前産後を含む子育て支援の乏しさなど――には真剣に取り組まずに、ひたすら個人（とりわけ女性）に婚活や妊活を煽り立てています。文科省が保健の副教材として2015年に出した『健康な生活を送るために』（高校生用）で、元データを改ざんしてまで女性の妊娠しやすい年齢のピークは22歳だとしたのは、こうした動きを示すものです（もっとも、このデータは後に修正されましたが）。

● **国際機関の勧告**

　『ガイダンス』や『スタンダード』の発達アプローチは文科省のそれとはまったく異なります。①子ども・若者に性と生殖の健康と権利を保障し、彼

らがそれに関して自己決定と社会的責任をとれるように準備させよう、②そのために子ども・若者が性的に活発になる前に、発達に応じてセクシュアリティに関する基本的な知識やスキル、価値などの学習を保障しようと考えているのです。

今日、求められているのは、生殖をも含みこんだ「性の健康と権利」および多様な性を保障する性教育なのです。

実際に、国連の諸機関は性教育バッシング後の日本の性教育のあり方を懸念して、日本政府にさまざまな勧告を出しています。

例えば、国連自由権規約委員会は2014年の「日本の第6回定期報告に関する最終見解」で、日本政府が「性的指向とジェンダー・アイデンティティを含む、あらゆる理由にもとづく差別を禁止する包括的な反差別法」を採択すること、「レズビアン、ゲイ、バイセクシュアル、トランスジェンダーの人々に対する固定観念や偏見と闘うための意識向上活動」を強化し、こうした偏見や嫌がらせを防止するための適切な措置をとることを求めています。

国連子どもの権利委員会は、第3回総括所見（2010年）において、日本政府が「学校カリキュラムに生殖の健康教育を含めること」や「青少年に対して、10代の妊娠とHIV/AIDSを含む性感染症の予防を含んだ自己の生殖の健康の諸権利について十分な情報を提供」することを求めています。

また、国連女性差別撤廃員会は、「日本の第7回及び第8回合同定期報告に関する最終見解」（2016年）で性教育バッシングにも言及し、「性と生殖の健康と権利に関する年齢に応じた教育の内容に関して政治家や公務員が過度に神経質になっていること」を懸念して、「性と生殖の健康と権利に関する年齢に応じた教育の内容と提供に関する公共の懸念に処置して、それを体系的に学校のカリキュラムのうちに統合する」よう求めています。

このように国連諸機関は、LGBTの人たちに対する差別をなくす取り組みや、性と生殖の健康と権利の教育を学校カリキュラムのうちに組み入れるように、日本政府に求めているのです。

6 日本における性教育の可能性と課題

これまで見てきた性教育バッシング後の状況のなかで、日本で包括的な性教育を展開する可能性や課題はどこにあるでしょうか。

●**性教育は必要とされている**

まず、文科省も認めているように、学習指導要領はあくまでも「学校が編成する教育課程（カリキュラム）の大綱的な基準」であり、各学校は、学習指導要領や年間の標準授業時数等を踏まえ、地域や学校の実態に応じて、教育課程を編成することになっています。ですから、その地域、学校、目の前の子どもたちに何が必要なのかを考え、教育を組み立てることは、まさに学校と教員の任務なのです。

また、中央教育審議会や文科省も、性情報の氾濫や、若年層のエイズおよび性感染症の増加や妊娠中絶を問題視して、子どもたちが性に関し適切に理解し行動できるようにすることを求めています（2008年1月中央教育審議会答申、文部科学省『「生きる力」を育む中学校保健教育の手引き』2014年など）。さらに、70％以上の小・中・高の保護者が、「思春期の体の変化」「妊娠や避妊法」「感性症とその予防」について、学校でぜひ教えてほしいと望んでいます（日本学校保健会『保健学習推進委員会報告書——第3回全国調査の結果』2017年）。

●**性の多様性を尊重する学校づくりは必須**

性教育と関わるもうひとつの大きな動きは、文科省が2015年、2016年に、性同一性障害および性的指向・性自認に係る児童生徒に対するきめ細かな対応等の実施について、全国の教育委員会、学校に向けて通知したことです。これらの文書は、国際的な性の権利の動向にも促されて出されたものですが、学校で「性的マイノリティ」の子どもたちを積極的に支援する糸口とはなりえます。ただし当事者である子どもたちへの個別的な対応が、当事者の

まとめと提言

声を聴かずマニュアル通りにおこなわれてしまうという懸念がありますし、こうしたことが実際にも起こっています。当事者の声をていねいに聴くと同時に、さまざまな性的指向、性別自認の人々や性分化疾患の人々の人権を保障するための「ジョグジャカルタ原則」(2006年)にもあるように、性的マイノリティの子どもたちがいじめられたりすることなく、自尊心をもって生きることのできる学校環境を整えることこそが、重要な課題になるはずです。

そのためには、教員はもちろん、すべての子どもたちが、性の多様性について学ぶ必要があります。実際、これらの文科省の通知によって、性的マイノリティである子どもたちの課題も顕在化してきており、研修も各地で実施されつつあります。こうした動きは、日本の性教育を人権教育として展開する大きなチャンスだといえます。

●**性教育はさまざまな教科や時間で実施できる**

『ガイダンス』や『スタンダード』が示しているように、性教育を包括的・全体的なイメージでとらえることができれば、日本の学習指導要領の中でも、性教育の可能性はさらに広がります。少なくとも、生活、道徳、技術、家庭、体育、保健体育、理科、社会、公民といった教科には関連事項が含まれていますし、『「生きる力」を育む小学校保健教育の手引き』や『「生きる力」を育む中学校保健教育の手引き』で文科省もいうように、総合的な学習の時間や特別活動の時間でも取り扱うことができます。

実際、「特別な教科」とされた道徳の中でも、「人との関わり」「集団や社会との関わり」「差別や偏見の否定」といった内容がありますから、『ガイダンス』の枠組の中で第一にあげられている「人間関係」の課題について学ぶことができます。

保健や理科では、性の健康や人間の発達について取り扱うことが可能です。中学校社会の公民の分野でも、「人間の尊重と日本国憲法の基本的原理」が扱われることになっていますから、そこで、ジェンダー平等はもちろん、性の健康を含む子どもの権利、「性の権利」の学習もできるはずです。

人間の生き方、ライフスタイルに密接に関わる家庭科も、性教育の重要な部分を占めるものです。

　こうしてみれば、包括的性教育が目指す人間形成のための教育は、さまざまな場で実践可能であり、むしろ取り組まれるべき課題だといえます。

●私たちの課題

　もちろん、日本の学校の中で包括的性教育実践が推進されるためには、いくつかのレベルで課題が残されています。

　第1は、1999年の『性教育の進め方、考え方』が、今日の性教育の国際的な水準と動向、および子ども・若者の性をとりまく新たな状況に対応した形で改訂されることが必要です。

　第2に、教員自身が性について学び、性教育実践の研究に取り組む必要があります。『ガイダンス』では、性教育を教える側に必要なこととして、「セクシュアリティ教育に興味があること」「セクシュアリティについての議論を嫌がらないこと」「生徒とコミュニケーションをとれる能力があること」「参加型学習方法を使うスキルがあること」があげられています。文科省、教育委員会主催の教員研修だけではなく、民間団体の取り組みも含め、教員の主体的で共同的な性教育の学びが重要です。そのような学校の枠を超えた学習の場で教員たちがつながることこそが、性教育を推進する大きな原動力なのです。それは、各学校での自主的な教育課程編成にも重要な影響を与えるでしょう。

　第3に、性教育に必要な時間を確保すること、またそのためにも、性教育を担う主要教科の中の性教育事項を豊かにしていくことが求められます。本書の分析を通して浮き彫りになった日本の（性）教育の問題点のひとつは、子どもたちが人間自身を科学的に学ぶことができていないということです。この点からも、保健と理科（生物）の内容は重要になってきます。現段階では、教員たちが学習指導要領を大枠として押さえながらも、内容を豊かにしつつ、教材、教育方法の開発を進めていく必要があります。

　第4は、日本の「人権教育」のあり方に関わる課題です。すでに法務省

は「人権教育・啓発に関する基本計画」（2002年）の中で、新たに生起する人権問題として、「同性愛者への差別といった性的指向に係る問題」をあげており、その流れの中で先述の文科省通知も出され、学校で人権教育に取り組むことも推奨されています。性の多様性の学びは、国際的動向からいっても、また国内の必要性からいっても、人権教育の中心的な課題となり得ます。

その際、たとえばハンセン病療養所で堕胎や不妊手術が強制され、障がいのある女性たちが優生手術の名の下に不妊手術を強制されてきたことなどの歴史的事実から見て、性の多様性の中に障がいのある人の性の健康や権利を含めることは、きわめて重要です。

この間、知的障がい児・者への性教育実践は進んできていますが、それにも学びながら、人権教育の視点から性の多様性の教育を豊かにすることが求められています。

日本の性教育の基盤はまだまだ不十分です。だからこそ、日本における包括的性教育の実現は、管理職も含め、学校現場の教員の力量と学校内外での協働にかかっています。残念ながら、1人のすぐれた教員による実践だけでは、日本の性教育の進展は困難であり、すべての子どもたちに性教育を届けることはできません。

現在、性教育が可能になっている学校では、教員どうしが協働し議論しながら授業づくりができる民主的な関係を前提に、学校を超えた教員の横のつながり、保護者や地域の保健センター、HIV・LGBT当事者のグループ、研究者といった学校外の人々や団体とのさまざまな連携を模索しています。性教育に実際に取り組んでいる学校や教員は、人権を基盤にした性教育が、子ども・若者たち自身が抱えるさまざまな問題に効果的に働きかけ、子ども・若者たちがこれからどう生きていくのかに大きな影響を与えていることを実感しています。

性に関わる問題は、時に人生に大きな影響を及ぼします。だからこそ、子どもたち自身も性についてもっと知りたいのです。その要求に応えることが

できたと感じたとき、多くの教員は、子どもたちとの距離が近くなったと実感します。それは、まさに子どもとの信頼関係の構築そのものです。だから、性教育の実践は楽しいのです。

編著者一同

参考文献
橋本紀子他『10代の性感染症急増下の日本における性教育の実態と課題に関する研究』2006～2008年度科学研究費補助金・基盤研究Ｂ研究成果報告書（代表橋本紀子）、2009年
"人間と性"教育研究協議会『季刊セクシュアリティ』No.65、2014年4月増刊号「持集日本の性教育を展望する――世界の中の日本」における田代、池谷論文等、エイデル研究所、2014年
『民主教育研究所年報』第15号、「ジェンダー・セクシュアリティと教育」民主教育研究所、2014年
茂木輝順他「日本の中～大規模中学校における性教育の実態調査」『思春期学』第29巻、第1号、日本思春期学会、2011年
ユネスコ編『国際セクシュアリティ教育ガイダンス――教育・福祉・医療・保健現場で活かすために』浅井春夫他訳、明石書店、2017年

　本書作成のための国内外調査は、編著者の数度にわたる日本学術振興会研究費補助金の助成によるものです。

執筆者

艮 香織（うしとら かおり）
宇都宮大学教育学部准教授。"人間と性"教育研究協議会本部幹事。『季刊セクシュアリティ』編集委員。著書ほか『ハタチまでに知っておきたい性のこと 第2版』（共著、大月書店、2017年）、『国際セクシュアリティ教育ガイダンス──教育・福祉・医療・保健現場で活かすために』（共訳、明石書店、2017年）など。

関口久志（せきぐち ひさし）
京都教育大学教職キャリア高度化センター次長兼教授。"人間と性"教育研究協議会幹事。『季刊セクシュアリティ』編集委員。主な著作に『新版 性の幸せガイド』（エイデル研究所、2017年）、『性教育の壁 突破法！』（十月舎、2004年）、『性教育の輪 連携法』（十月舎、2007年）、『ハタチまでに知っておきたい性のこと 第2版』（共著・編者、大月書店、2017年）、ほか多数。

張 莉（ちゃん り）
埼玉大学大学院人文社会学研究科日本アジア文化専攻博士後期課程。"人間と性"教育研究協議会本部幹事。第6回アジア性教育学術会議日本チーム事務局長として活動するほか、「ジェンダー・セクシュアリティ平等の視点」をキーワードに中国における包括的性教育の研究に取り組んでいる。

朴 惠貞（ぱく へじょん）
東京造形大学・中央大学兼任講師。1964年生まれ、ソウル出身。一橋大学大学院社会学研究科博士課程単位取得満期退学。著書に『新版人間と性の教育1 性教育のあり方、展望』（共著、大月書店、2006年）、『こんなに違う！世界の性教育』（共著、メディアファクトリー、2011年）。

丸井淑美（まるい よしみ）
群馬医療福祉大学看護学部教授。公立小中学校養護教諭、西オーストラリア州立カーティン大学健康科学部客員研究員、九州女子短期大学を経て現職。共著に『ハタチまでに知っておきたい性のこと 第2版』（大月書店、2017年）。

茂木輝順（もてぎ てるのり）
女子栄養大学非常勤講師。日本思春期学会幹事。主な著作に『性教育の歴史を尋ねる──戦前編』（日本性教育協会、2009年）、『青年の社会的自立と教育──高度成長期日本における地域・学校・家族』（共著、大月書店、2011年）、『性教育学』（共著、朝倉書店、2012年）。

森岡真梨（もりおか まり）
女子栄養大学客員研究員。保健学博士。東京女子大学非常勤講師（性と生命〈セクソロジー〉）。共著に『ハタチまでに知っておきたい性のこと 第2版』（大月書店、2017年）、"School education and development of gender perspectives and sexuality in Japan." (Hashimoto, N., Morioka, M. et al, *Sex Education*, 2017)など。

編著者

橋本紀子（はしもと のりこ）
女子栄養大学名誉教授。ジェンダー平等をすすめる教育全国ネットワーク世話人代表。主な著書に『男女共学制の史的研究』(大月書店、1992年)、『フィンランドのジェンダー・セクシュアリティと教育』(明石書店、2006年)、『青年の社会的自立と教育——高度成長期日本における地域・学校・家族』(共編、大月書店、2011年)、『こんなに違う！世界の性教育』(監修、メディアファクトリー)、『ハタチまでに知っておきたい性のこと 第2版』(共編、大月書店、2017年)など。専門は教育学・教育史。

池谷壽夫（いけや ひさお）
了德寺大学教養部教授。社会福祉学博士。単著に『セクシュアリティと性教育』(青木書店、2003年)、『〈教育〉からの離脱』(青木書店、2000年)、『ドイツにおける男子援助活動の研究』(大月書店、2009年)、『東ドイツ'性'教育史』(かもがわ出版、2017年)、共著に『大人になる前のジェンダー論』(はるか書房、2010年)、『こんなに違う！世界の性教育』(メディアファクトリー、2011年)、『男性問題から見る現代日本社会』(はるか書房、2016年)、他。ジェンダー・セクシュアリティと教育を、男子問題を中心に研究しています。

田代美江子（たしろ みえこ）
埼玉大学教育学部教授。"人間と性"教育研究協議会代表幹事。著書に『新版人間と性の教育1 性教育のあり方、展望』(共著、大月書店、2006年)、『こんなに違う！世界の性教育』(共著、メディアファクトリー、2011年)、『ハタチまでに知っておきたい性のこと 第2版』(共編、大月書店、2017年)、『国際セクシュアリティ教育ガイダンス——教育・福祉・医療・保健現場で活かすために』(共訳、明石書店、2017年)など。専門はジェンダー教育学、近現代日本における性教育の歴史、ジェンダー・セクシュアリティ平等と教育、東アジアにおける性教育。

装幀・口絵・本文デザイン　森 裕昌（森デザイン室）

教科書にみる世界の性教育

2018年 2 月14日　第1刷発行
2021年 6 月30日　第5刷発行

編著者　橋本紀子・池谷壽夫・田代美江子

発行者　竹村正治

発行所　株式会社かもがわ出版
　　　　〒602-8119　京都市上京区堀川通出水西入
　　　　TEL 075-432-2868　FAX 075-432-2869
　　　　振替　01010-5-12436
　　　　ホームページ　http://www.kamogawa.co.jp

印刷・製本所　株式会社光陽メディア

ISBN978-4-7803-0947-8　C0037　Printed in Japan